因为一本书，爱上一座城……

《潍坊，奇好啊》编委会

《山东城市特色文化丛书》编委会

《潍坊，奇好啊》编辑委员会

“奇好”是山东潍坊方言，是“非常好”的意思。

“奇”是潍坊话里很有特点的一个字，意为“非常、相当、特别”等意思。

“啊”在潍坊话中也作“囔”，

“奇好啊”“奇好囔”都是“非常好”的意思。

序言 PREFACE

风筝一线牵真情 画都笑颜迎宾朋

初宝杰
中共潍坊市委常委、宣传部部长，高新区党工委书记

城市的灵魂，离不开文化；城市的魅力，集中于内涵。在经济、社会快速发展的今天，地域交流更为密切、频繁。当我们来到一座陌生的城市，更需要静下心来去感受她的气息，搜寻历史的脉络——除了高耸挺立的楼宇、川流拥挤的人群，不经意间，一片瓦当、一张剪纸、一幅画卷，或许会给你更加深刻的别样体验。

潍坊是著名的世界风筝都、中国画都，历史源远流长，文化底蕴深厚。早在7000多年前，就有人类在潍水流域生活居住，历代王朝在此封国建邑，设州立府。中国古代“三皇五帝”中的舜、齐国政治家晏婴、北魏农学家贾思勰、北宋画家张择端、清代大学士刘墉等都生于这里，范仲淹、欧阳修、苏东坡、郑板桥等曾在潍坊执政理事。近现代还涌现出一大批革命家、文学家和艺术家，获得诺贝尔文学奖的莫言也是潍坊人。潍坊拥有杨家埠民间艺术大观园、

红高粱民艺民俗村、青州非物质文化遗产博物馆等一批非遗保护基地，剪纸技艺、古琴艺术入选联合国教科文组织《人类非物质文化遗产代表作名录》，正是这些充满生命力的文化元素使潍坊更加璀璨、夺目。

近年来，潍坊经济发展迅速，城市面貌焕然一新，生态环境持续改善，勤劳智慧的潍坊人民让这座城市焕发新颜，也让潍坊以稳健的脚步飞速的发展让世界熟知，越来越多的人到这里安家落户、出差旅游。城市的对外宣传，应当富于维度、充满张力：既要展现蓬勃朝气，也要展示厚重底蕴；既要反映城市面貌变迁、文明程度提升，也要反映文化传承和历史积淀。古老而又年轻，兼具深厚文化底蕴和创新创造活力的潍坊，期待向世人展示自己，这需要一部视角独到的优秀作品，让四方来客认识与了解潍坊的细节。

《潍坊，奇好啊》就是这样一部高质量的文化产品，一部创新之作。它以全新视角审视潍坊，这里的过去、现在与将来跃然纸上、呈现眼前，城市的文化元素、现代符号，人们的厚道淳朴、真诚热情扑面而来，形式新颖，活泼生动，贴近百姓，洋溢着浓厚的文艺气息。书名既有潍坊特色，也很贴切：潍坊，奇好啊！书中见潍坊，文中观精彩，潍坊的一面一面都在书中逐一亮相，不仅有得天独厚的名人眷顾、惊艳世人的非遗文化、绚丽多彩的城乡美景，还有富有地域气息的各式美食、独具特色的吃喝玩乐聚集地等等，真实地为大家呈现了一个古今文明交错、古朴时尚融合的潍坊。

现代文明与厚重文化交相辉映下的潍坊，将会越来越美、越来越好。厚道热情的潍坊人，正敞开胸怀欢迎四海宾客的到来。希望能够通过这本小小的口袋书，将潍坊的面纱掀起，让更多的人了解并喜欢上这座城市。希望所有来到潍坊的朋友，都能跟着潍坊人说上一句："潍坊，奇好啊！"

【贾思勰】

今采捃经传，爰及歌谣，询之老成，验之行事，起自耕农，终于醯醢。资生之业，靡不毕书，号曰《齐民要术》。

——《齐民要术》

老夫聊发少年狂，左牵黄，右擎苍，锦帽貂裘，千骑卷平冈。为报倾城随太守，亲射虎，看孙郎。酒酣胸胆尚开张。鬓微霜，又何妨！持节云中，何日遣冯唐？会挽雕弓如满月，西北望，射天狼。

——《江城子·密州出猎》

【苏轼】

【陈介祺】

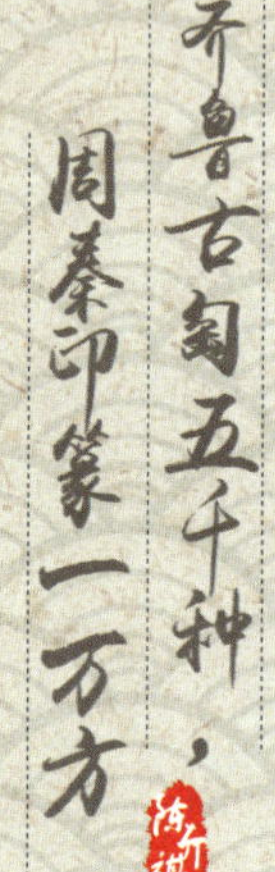

不以物喜，
不以己悲；
居庙堂之高则忧其民；
处江湖之远则忧其君。
是进亦忧，退亦忧。
然则何时而乐耶？
其必曰『先天下之忧而忧，
后天下之乐而乐』。

——《岳阳楼记》

范仲淹

范仲淹

亭公范

潍坊

潍城最古，
青铜铸鼎，素帛摹画，
承载这一脉悠悠历史；

潍水最灵，
润了青山，滋了粟黍，
曲绕这一地繁华人间；

潍地最美，
街山抱水，襟园带竹，
丰饶这一方民俗世情；

潍人最慧，
品得书茶，裁得纸鸢，
筹宴这一回八方来客……

目录
CONTENT

匠人心，城市礼。

逛不完的展，看不完的会。

伍 吃货圈里论高下。

陆 城里城外城会玩。

柒 逛圈儿

捌 夜，夜，夜，夜

玖 私享·这样的潍坊奇好

后 记

这座城，

秦随京东古道通至四海，

隋凭潍水渡口畅达五湖，

几千年的车水马龙，

迎来送往，

其间多少故事……

这座城，以故事闻名。

前世今生，我从新石器走来

潍坊，是一座从新石器时代走来的城市。

它位于山东半岛中部，是我国历史上最大的风筝和木版年画的产地与集散地之一。潍坊历史上曾以“二百只红炉，三百铜铁匠，九千绣花女，十万织布机”闻名，清朝乾隆年间有“南苏州，北潍县”之说。

潍县之称源自潍水，这里在隋代被称为“潍水县”。潍县是早期人类活动的中心之一，为东夷文化的发祥地之一。考古发现，7000 多年以前就有先人在潍河平原繁衍生息，那还是新石器时代。4000 多年前

的夏朝，潍地就建有政权，而出土的青铜器也证明，商周时期潍水一带的文化，已直逼中原地区。

久远的历史给潍坊境内留下了不同时期的文化群带，有古遗址、古建筑、古石刻和造像等不可移动文物 1800 多处。从横跨四县市、保存较好的齐长城遗址，到雕塑工艺精湛、画面内容丰富的汉画像石墓，还有青州驼山石窟佛教造像群和近几年轰动国内外的龙兴寺佛教造像，有兼具南北造园艺术风格的园林十笏园，闻名遐迩的诸城恐龙化石和被誉为“万卷书”的临朐

山旺古生物化石，以及大汶口文化和龙山文化遗址……

春秋时期，齐国政治家夷维（今高密）人晏婴，辅佐齐灵公、庄公、景公，政绩卓著；孔夫子的七十二弟子之一、精通鸟语的公冶长曾在安丘的城顶山读书，至今该处还有碑文为记；东汉末年“建安七子”之一的徐干，是昌乐人，另一“建安七子”之一的孔融曾在寿光一带任过北海相，“在郡六年，政绩赫然”，世称“孔北海”；北魏益都（今属寿光市西南）人贾思勰，著有《齐民要术》。此书对后世的农业生产和研究有极其重要的价值。

北宋著名的金石学家赵明诚与夫人李清照多年寓居青州。他们的诗词创作以及著述《金石录》，名冠一时。北宋诸城人张择端的《清明上河图》，描绘了当年汴梁近郊在清明时节社会各阶层的生活景象，是一幅具有重要历史价值的优秀风俗画。就连清代内阁大学士、书法家刘墉也是潍坊人……

原籍他乡，却在潍坊为官，施展着自

己的政治抱负的历史名人也不在少数。唐代大书法家李邕、北宋宰相寇准，而最有名的当属宋代大文学家苏轼，苏轼任职密州（现诸城），写下了《超然台记》和《水调歌头·明月几时有》等 200 多首脍炙人口的佳作。清乾隆年间，郑板桥曾任过 7 年的潍县县令，他的诗书画并称“三绝”。他为政清廉，体恤民众疾苦，深受潍坊人爱戴。

前世已过，今生也处处闪耀着潍坊人的身影。比如，中国共产党的创始人之一、中共“一大”代表王尽美，延安明星王大化，文学家王愿坚、王统照、臧克家都生于潍坊。

如今，潍坊国际风筝会、寿光蔬菜博览会等节会的举办更让这座古城声名远播。一路走来，走过艰辛，也走过精彩，古老的城市正散发着新的斑斓色彩……

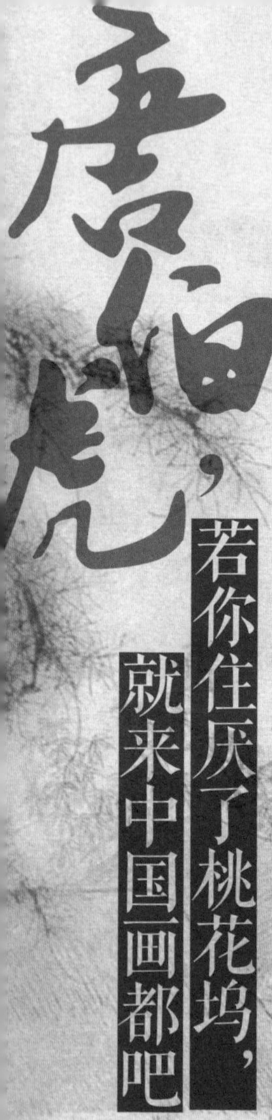

唐伯虎，若你住厌了桃花坞，就来中国画都吧

30多岁的唐伯虎，在苏州的桃花坞建造了桃花庵，诗酒娱情，自号“桃花庵主”。人云：“诗家不幸诗文幸”，刚刚经历了科举舞弊案的人生大劫而看破名利的唐伯虎日行狂放，恰是在桃花坞臻至创作高峰，诗文书画，样样俱全。“不见五陵豪杰墓，无花无酒锄作田”的诗文风流在当时便颇受人喜爱，然而唐伯虎自己却说：“后世知我必不在此。”此言不虚，后世人最看重的不是他的文章，而是书画。时人称其书画双绝，后世名家更是赞不绝口，王世贞夸他“画品高甚，在五代北宋间”，陈志岁更是言其“画臻三昧境”，评价极高。

直至今日，他的书画随着岁月洗涤沉淀愈加珍贵，不仅是收藏家们的必得之物，在书画市场上更有着难以估量的价值。设使桃花坞的唐伯虎复生于今日，桃花庵的风雨，人世间的浮华，或许早已看厌。放眼泱泱华夏，哪里尚能使以书画名世的唐伯虎不浪费一身才华，不再度落魄潦倒?

怕是唯有中国画都——潍坊了。

《潍县志序》云：“山川灵秀之气扶舆磅礴，往往钟于人杰以发其光华，而人杰之盛者，尤在其归宿结穴之处。”山川此归宿，人杰发光华，即是潍坊。

忆往之时，文脉兴盛，才人辈出：张择端数年绘就《清明上河图》，郑板桥七载县令“三绝”兰竹石；谭汝霖羡东南山水形胜，郭汝龙绘“潍邑志内十景”；刘崇如获誉“浓墨宰相”，陈介祺无愧金石大家；谭谟伟草书精妙，周克济花卉传神……再看今日，先承祖制，后开新风：郭味蕖语带烟霞辑《疏园》，于希宁心尚君子作“梅痴”；郭兰村绣像水浒，赫保真工写牡丹……有道是：百年风骚领，十代人杰承，即如唐寅在，书画亦难争。

今时今日，书画非止娱情，更是占据了收藏界的“半壁江山”。书画收藏热，帝王平民同。唐太宗、宋徽宗、清高宗等历代帝王广征博取，搜集名家；项元汴、梁清标、安仪周等民间藏家不惜重金，网罗巨迹。书画史璀璨夺目，收藏家雀跃欢呼，书画交易收藏都迎来了好的时代。乘此东风，潍坊先行，兴画廊，置馆房，免税收，扩市场，英才汇集，书画琳琅，是集散地，是试金石，是晴雨表，是朝圣地，是“中国画都”！

而位于潍坊青州的中晨国际文化艺术小镇，籍“中国画都”之名，展古今名画以品鉴，摹工笔写意以传承，既汇百家画作奇葩，又县地域民俗手绘，若搁在500年前的明朝，怎能引不来风流才子唐伯虎呢。

这样的潍坊是“惜哉功名忤，但见书画传”的唐伯虎之天然圣地，书得传承、画得市场、人得知音、业得良图，而唐伯虎得所有。设使唐寅能来此，必是真正“桃花仙”。

唐伯虎，若你住厌了桃花坞，就来中国画都吧！

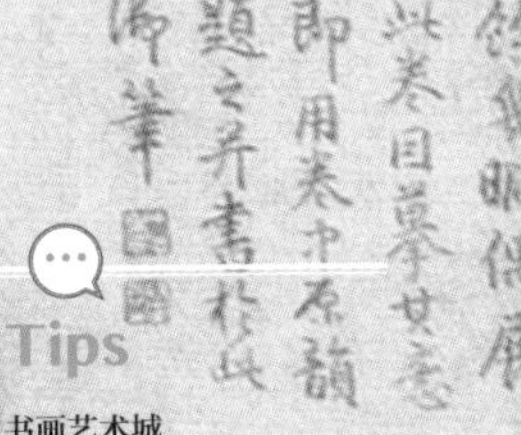

Tips

中国中晨（青州）书画艺术城

中国中晨（青州）书画艺术城项目建有200套独栋创作室，700个中小画廊，19套美术馆和4座大型展览会展中心。在区域规划布局上划分为展览区、交易区、创作区和商务居住区四大区域，致力于实现创作、展览、交易、鉴定、拍卖、培训、金融和商务八个核心功能。2012年中国中晨（青州）书画艺术城分别被中国美术家协会和中国书法家协会指定为“写生创作基地”和“创作培训基地”。

地址：青州市范公亭西路1601号

一座情牵一线的城

一提起潍坊，天南地北的朋友都会说："啊，我知道，风筝。"就像提起"兰州"就想到拉面差不多，家乡的风筝是我心里永恒的怀念。

曾经的曾经，郑板桥诗中"纸花如雪满天飞，娇女秋千打四围"的场景随处可见，而现在天上飞着的都是尼龙、化纤、碳素、夜光的现代风筝。说起风筝，我首先想到的是小时候跟着爷爷、姥爷学做纸鸢的情景，最简单的风筝用几张棉纸、几根竹篾，再加上线团就能做成。那时候真是觉得太神奇了。硬硬的竹篾，爷爷拿起放在蜡烛上烤一烤，就老老实实地弯曲成形。我们偷偷拿棉纸随意涂画个大花脸，而爷爷拿着毛笔就像变魔术一样，一画一勾，蝴蝶、燕子、蜻蜓便于纸上栩栩如生了。

这种带着温度和童年回忆的纸鸢逐渐在时间中被淡忘。长大了，开始觉得潍坊普通了，她只是一座典型的北方城市，冬冷夏热，春秋的风沙和其他城市一样在脸上胡乱地拍。一马平川，人口也只有 900 多万，没有人群熙攘，堵车也少，没有满汉全席、山珍海味，只有肉火烧、豆腐脑、烧肉、炉包……

Tips

世界风筝都纪念广场

世界风筝都纪念广场，以“风筝文化、民俗文化、人文文化”为主题规划设计的纪念广场，是潍坊城市建设史上的新亮点，是展现风筝都形象的标志性景观。整个广场有吉祥大道、鸢标广场等十大景观，成为展示风筝文化与民俗文化、市民休闲娱乐、全民健身强体、商业购物消费以及举办大型集会活动的综合性城市广场。

地址：奎文区胜利西街（近四平路）

电话：0536-2100110

世界风筝博物馆

世界风筝博物馆是目前世界上建筑面积最大的风筝专业博物馆，建筑造型选取了潍坊龙头蜈蚣风筝的特点，似蛟龙遨游长空，伏而又起。设有综合馆、中国馆、潍坊馆、友谊馆等12个展馆，在约2000平方米的展室内，收藏了古今中外的风筝珍品以及有关风筝的文物资料2000余件，介绍了风筝的历史、分类、创新及潍坊国际风筝会、风筝界的友好往来、潍坊市概况，再现风筝文化的魅力。

地址：奎文区行政街66号

电话：0536-8251752

于是，我们像所有气盛的年轻人一样，想逃离家乡，想去大城市见识见识。可当我真正置身于繁华大都市的时候，不习惯开始滋生。不习惯车水马龙熙熙攘攘，不习惯从高楼大厦中抬头看到巴掌大的一块天，不习惯天天在地铁里穿梭，不习惯汉堡、咖啡、披萨饼。思念开始蔓延，思念家里爸妈的唠叨，思念爷爷屋子里的墨汁、宣纸，思念厨房里那一碗鸡鸭和乐的香浓爽滑……

放慢了脚步，才慢慢回忆起这座城市给我留

下的那些烙印：她确实不如北京有底蕴，却每年举办国内最大的中国画展览，因此被称为“中国画都”；她不如济南有丰沛的地下泉水，但却拥有 15 个省级以上的湿地公园; 她不如青岛拥有连绵的海岸线，但北部正在崛起的滨海新区，也可以让人们游泳、冲浪、吃海鲜；她不如上海外滩繁华，但是在穿城而过的白浪河边，你可以选择用咖啡或红酒来搭配河边的晚风与月光……她不徐不急，不骄不躁，无论外界多么喧嚣，她还是保持着那一份对文化、对传统、对环境的尊重，按照自己的速度，向世界徐徐展示她独有的性格和魅力。

时间久了，我们才知道，我们就像一只只风筝，无论披上了怎样的颜料，飞得多高、多远，总有一根细细的长线系在我们的身上，情牵一线，线的那一头，就是家乡。

坊子的故事，从煤炭开始……

关于坊子，所有的故事都是从煤矿开始的。

这座煤矿存在了 100 多年。德国人开采过，日本人开采过，国民政府开采过。今天，坊子区政府在这个矿的遗址上建了一座展览馆供游人参观。游客还可以乘当初采煤的缆车下到煤矿内部，称为“地心之旅”。

乘缆车能够下到的地方在地下 175 米，这里是德国人于 1898 年开凿的第一口竖井，被称为中国第一口德式机械凿岩矿井。当年凿井的时候，

坊子这个地名还不存在，那时，距此地不远的潍县是远近闻名的商埠，在潍县通往安丘、诸城的驿道上，有一家专供行人吃住歇脚的店，叫坊子店，这家店由于地理位置好，生意兴隆，名声远扬，德国人便实行“拿来主义”，给刚凿成的竖井命名为“坊子竖坑”。后来，这个地方慢慢地就被叫作“坊子”。随着坊子小城的繁荣，1948年潍县解放，成立潍坊特别市，取潍县、坊子首字命名，这便是潍坊这座拥有900多万人口的地级市的名字由来。坊子，是现在潍坊的一个区。

1869年4月的一天，一个高个子的德国人从坊子走过。他叫费迪南·冯·李希霍芬，是一位地理学家。

四月的田野，乡间的小路，李希霍芬乘坐着一辆骡马拉着的车，在飞扬的黄尘中辘辘而行，坐在车里，李希霍芬拿着画笔，仔细勾勒出夕阳、远山、村落。1872年，李希霍芬返回德国，自此之后，他穷尽毕生精力，

用了 35 年的时间，完成了一部鸿篇巨制《中国：亲身旅行的成果和以之为根据的研究》，在社会上产生了极大的反响，并由此受到德国皇帝威廉二世的赞誉和赏识，他被誉为“指向远东的臂膀和手杖”。

后来的历史大家都知道。1898 年 3 月 6 日，德国驻华公使与清廷代表李鸿章、翁同龢在北京签订《胶澳租借条约》，德国强租青岛 99 年，并获得了胶济铁路的修筑权及其沿线 15 千米范围内的矿藏开采权。

胶济铁路的修建，是为了快速便利地运出山东的矿产。一条由东向西横穿山东的铁路，在潍县突然向南拐了个弯，到了坊子，因为坊子有煤矿。

因为煤矿，形形色色的人来到了坊子。

德国人占据坊子 17 年，他们从这里开采了 299 万吨的煤。1914 年 7 月，第一次世界大战在欧洲爆发。很快，日本对德国宣战。同年 9 月，日军从山东龙口登陆，攻占青岛和胶济铁路全线。日本占据坊子 31 年，开采煤炭 422 万吨。

在煤矿的外面，小镇一天天热闹起来，煤矿工人、铁路工人、商人们都来了，坊子门户洞开。德国人和日本人相继在坊子火车站附近设立领事馆、建兵营、盖别墅、修教堂、建医院……坊子形成了“南北三条马路，东西十里洋场”的格局。一个小镇，先后设有两个国家的领事馆，来自世界各国的侨民在这生活……

1949 年，坊子和潍县解放，坊子煤矿收归国有。1984 年胶济铁路复线开工时，新铺设的双线轨道终于取直了潍坊以南的大弯，青岛到济南的火车直行东西，不必再经过坊子。

今天，我们仍然能够从那些遗留的德日风格的建筑上，想象当日坊子的繁华。那 160 余处德日建筑，经过修缮和重新打造，造就了如今的坊茨小镇。游人如织，从坊茨小镇漫步到坊子炭矿遗址，走过的这片土地，正无声诉说着历经百年的一切沧桑。

Tips

坊子炭矿遗址文化园

坊子炭矿遗址文化园经充分挖掘坊子煤矿百年历史变迁的文化内涵，修复利用矿区遗存的德日工业建筑遗址进行开发建设而成，现开放有原真性、综合性煤炭博物馆和由德国于1898年建造的坊子竖井以及由井下遗存的百年历史巷道改建而成的矿井体验馆，拟规划打造成以煤炭为主题的大型综合文化旅游园区。

门票： 110元（坊子炭矿博物馆+矿井体验馆通票）
地址： 坊子区北海路与长宁街交叉口南400米路西
电话： 0536-7658000

忆往昔，那些与苏州并驾齐驱的日子

古代女子们不出闺门，日常劳计，不外乎“绣”和“织”。绣品中以苏绣最为精细素雅，鸳鸯荷包，绣花鞋面，水乡绣娘情针意线绣不尽绵绵锦绣。提起“织”，眼前早已是月冷清辉下，有一丽人临窗而坐，于摇摇一豆灯火中纤手弄机杼，一经一纬，声声悦耳。探究其若干载织帛飞梭史，古潍县作为自古以来的纺织之乡，值得细细考究。

苏绣因其秀丽的图案和精致的绣工，古来多作贡品或供奉于官宦人家，因此早负盛名。坊间关于才子佳人以绣品定情的故事更是不胜枚举。提起与纺织有关的故事，最有名的便是“乐羊子妻”。乐羊子外出求学，一年便归，他的妻子追问缘由，只道久远怀思，话音刚落，他的妻子

已经拿刀将织机上的布剪断，说：“此织自一丝而累寸，寸而累丈，丈而累匹。今若断斯机，则前功尽弃矣！学业半途而废，何以异是？”乐羊子深受触动，外出治学七年不返，终有所成。与刺绣不同，故事中的纺织更为辛劳，且在古时，男耕女织的劳作模式几乎遍于全国各处，古潍县的纺织业是凭何一枝独秀，得以在清全盛时期获得“南苏州，北潍县”的美称呢？

“垂髫学织麻，及笄早飞梭”正是对此地众多女性的日常劳作写照。追溯潍县的桑丝业早可至夏商，棉纺术更是早于黄道婆所处的元代，很早便形成了较为成熟的纤缕丝帛纺织模式。虽然苦累，勤慧的古潍县女子们却也早早开始习织，闺门未出已是终日忙碌，以供家人衣衾之需。至清代，潍县已现“九千绣花女，十万织布机”的盛况，极大地推动了当地经济的发展。

当然，古潍县依山靠海，乃钟灵毓秀之地，且自来为北海名城，聪慧的可不只是当地的女子们。单就纺织一事而言，针对古时纺车笨重且慢的缺点，男子们耕作之余，亦相协作，“女纺男织”代替“男耕女织”，极大地提高了纺线效率。至于清末民初，更有进步人士张瑞芝自日本引进第一架宽面织布机，虽因当时闭关自守的国情终究只是昙花一现，但也不失为一大创举。其后的滕虎忱审时度势创建华丰机器厂，真正使潍县赢得“十万织布机”的美誉。潍县纺织更借此风势，腾飞而起，潍县一跃成为现代化纺织重镇，纺线织锦的传统延续至今。

潍地古时纺织，与苏绣齐名，一在北城瀚海边衣被万代，一在江南水乡里曼妙成锦，南北两两品秀成趣。潍地今时纺织，当借古时盛势，糅合现下万家之长，以谋百家厂舍织品共秀。

坊茨：你来与不来，
我都会在这里等你……

潍坊，有个坊茨小镇。

这小镇，每一扇门里都是历史，每一扇窗里都有教诲。历史的缠绵、封存的记忆，我们沿着这条脉搏，去寻找那里曾经发生的故事。

坊茨小镇的历史，只有小镇最清楚。1898 年德国侵略胶东半岛，坊子沦陷。这里修建起德军司令部、德军医院、火车站、电报大楼、学校、兵营、高级别墅区等错落有致的完整建筑群，总共 103 处。另外还有 63 处日式建筑，日本领事馆、正金银行、横田旅馆、大烟馆、妓院、水牢等悉数出现。这个小镇，被德国占据 17 年，被日本控制 31 年，曾有南北三条马路，东西十里洋场之繁华。直到 1945 日本战败，一切恐怖与伤痛才戛然而止。近半个世纪的殖民文化，在人们心中留下的痛难以缝合，历史的烙印深深地刻在这片热土上。

但是，艺术是不分国界、没有种族的。建筑是凝固的艺术，让城市不朽，就让它拥有不朽的建筑，让建筑不朽，就要把建筑做成艺术。坊茨小镇的今生，伴随着城市的改造，古建筑文物的保护维修，文化创意产业的萌芽发展，慢慢续写着传奇故事。

雨后的下午，小镇上是这样地静，

Tips

坊茨小镇

坊茨小镇保存有1898年至1914年德日殖民时期留下的一片建筑群，以胶济铁路坊子段为中轴线向两侧发展。现存德式建筑103处，日式建筑63处。现坊子区政府着力修复自然生态和人类文化原生脉络，使之成为中德首个经济、技术、文化全方位合作的德意志风情生态小镇。

门票：免费
地址：坊子区三马路138号
电话：0536-7665333

爬墙虎亲吻着百年的砖瓦，互相拥抱着享受这里的一切；音乐伴着咖啡的余香在涓涓流淌的音符中，飘向小巷深处；镇长老王亲手种下的蔷薇，是小镇上当仁不让的“镇花”，那满院的花微笑着……

小镇上，中国坊茨美术馆天地人和画廊悬挂着中外佳作，小镇还经常举办艺术展览。如果你足够幸运，说不定就会在这儿碰到靳尚谊、杨飞云、莫言等大师。在坊茨小镇取景拍摄的电影《终极胜利》已经全球上映。这里还是婚纱拍摄的好去处，一对对恋人在玫瑰花前，于铁轨两岸编织着属于未来的梦……

小镇始终是静默的，看过了百年的历史纠葛，今天都只剩下美好，或者说今天小镇将最美好的一面轻轻地绽放。是的，一切就这样沉静地存在着，你来与不来，这一切都会在这里等你……

终极胜利，一个腥风血雨的集中营

火车的汽笛一遍又一遍地拉响，仿佛在催促着什么。

一群穿着体面的外国人拉带着行李，排成松散的队伍，步履蹒跚地向火车站走去，其中不乏妇女和儿童。持枪的日本兵不停地嚷嚷着，把枪口指向行走的人群。老实说，日本兵这样粗鲁地对待这些欧美人，还是头一次。

就在不久前，日本偷袭了美国的珍珠港，太平洋战争爆发，美、英、法、奥旋即对日宣战。为了增加筹码，侵华日军将滞留在中国的这些国家的侨民抓起来，统一送往集中营看管。在天津以教徒身份秘密协助抗日的埃里克·利迪尔，也在他们的黑名单里。1500 多名人质被日本兵推搡着挤进车厢后，火车缓缓地开动了。利迪尔并不知道，他们即将被送到位于山东潍坊的集中营里去，等待着他们的将是一场噩梦。

出生于天津的埃里克·利迪尔，父母都是苏格兰来华传教士。利迪尔极具体育天赋，1924 年，22 岁的利迪尔代表英国参加第八届奥运会，一举摘得 400 米短跑奥运金牌并打破世界纪录，从此名声大噪。然而，这个万众瞩目的体育健将却毅然选择告别体坛，坚持回到中国，并如愿以偿地成为一名外籍教师。利迪尔在天津度过了短暂的幸福生活后，所有平静都被日军侵华的炮火声打破了。1941 年，太平洋战争爆发，西方国家在中国的侨民随时面临危险。利迪尔将妻女安排至加拿大避难后，坚持与中国军民一同抗日，直到 1942 年被日军抓获。

列车在潍坊缓缓停靠，所有人都被驱赶下车，由日本宪兵押送前往潍县集中营。行至虞河南岸，一处欧式建筑群出现在大家的眼前，只不过，这些建筑的外围筑有高高的围墙，围墙上还布设了电网，一座碉楼矗立在一角，显得异常恐怖。这里曾经是美国牧师建造的教堂、医院和学校，现在却变成了戒备森严的囚牢。

营内的生活异常艰苦，侨民们被限制自由，不仅吃不饱穿不暖，医疗也得不到保障。尽管如此，利迪尔依然保持乐观，他凭借超凡的记忆为营内的孩子编写了一本化学课本并亲自授课，还利用琐碎的时间教大家跳舞。牢狱生活没有将他打垮，相反，利迪尔用积极向上的态度感染着身边的每个人，帮助他们适应苦难的日子。被囚禁期间，英国曾用日本战俘交换集中营内的关押人员，利迪尔位列名单之首，但他将这个难得的机会让给了其他人。没有人知道，此时利迪尔已经罹患脑瘤，疾病让他痛苦不堪，他自知命不久矣，选择留在集中营。1945 年 2 月 21 日，抗战接近胜利，而埃里克 · 利迪尔的故事却永远被锁定在了这一天。由于集中营内医疗条件十分有限，利迪尔最终没能战胜病魔，与世长辞，年仅 43 岁。

今天的虞河南岸，阴森恐怖的潍县集中营早已不见，但标志性建筑“乐道院”被保留了下来，成为一座意义非凡的纪念馆。院内埃里克 · 利迪尔的雕像栩栩如生，仿佛向众人讲述着当年的故事。而利迪尔的故事，也被演绎成了电影《终极胜利》，有人性、有正义、有感动、有希望，人性伟大的一面在这里熠熠生辉，超越国界的爱，乃大爱。

Tips

潍县乐道院

潍县乐道院是一座由美国人狄乐播建立的乐道院，1882 年狄乐播偕夫人狄珍珠来潍县传教，在当地教友的协助下，于老潍县东关处买地建立“乐道院”，设立医院、学校、公园等。第二次世界大战期间，日军在此设立“敌国人员生活所”，使这里一度成为中国境内最大的“集中营”，史称“潍县集中营”。侨民们在这里度过了一段艰苦的岁月，直到 1945 年 8 月，日伪投降后，集中营中的侨民才获得救援得到自由，有组织地陆续回国。

地址：奎文区虞河路潍坊市人民医院北邻

此大观园非彼大观园

世人眼中的“大观园”，是红楼梦中的那些亭台楼榭。金陵贾家为贤德妃建造省亲别苑，元春见园子衔山抱水，其中天上人间诸景皆备，于是赐此园“大观”之名。之后宝玉携了诸钗入住，素日里煮酒赏梅，吟诗作对，怡红公子与各钗的隽秀才情在此交互碰撞，“大观园”当真成为一个诗意的栖所。

Tips

杨家埠民间艺术大观园

杨家埠民间艺术大观园，建于1986年，原名为杨家埠风筝厂，是集风筝生产、年画印刷与民俗旅游为一体的民间艺术大观园。内设风筝博物馆、绘制馆、十八女子作坊、年画博物馆、年画作坊、民俗馆、文物馆、百年婚证展、老粗布作坊、农具展、红色收藏展、书画院、嫦娥奔月台、古店铺一条街、三星湖、度朔山以及杨家埠明清时期古村落、古槐等数十个景点和展厅。

地址：寒亭区杨家埠
电话：0536-2927312

而我心中的大观园，虽远不如红楼中的“大观园”一样负有盛名，且远离了秀水江南，位于山东半岛潍坊境内北部，却是我心中最初也是印象最为深刻的大观园，其名为“杨家埠民间艺术大观园”，或许是因为那里充满了我童年的最美好记忆吧。

初时的“杨家埠民间艺术大观园”尚不具备此时规模，只是一家风筝厂。由于爷爷年轻时曾跟着制作风筝的老师傅做过学徒，钟爱民间手艺，并且当时的住处离杨家埠不远，便常

带我过去看看。毕竟当时年纪太小，今天倒有些记不确切了，隐约记得那一带有好几家风筝商店，爷爷每次带我过去总会顺着那条商铺街一家一家地看过去，瞧瞧哪家店里又添了新鲜花样，买两只风筝带回家或者只买了他们家的竹片和纸，回家自己扎。

爷爷制作风筝时我常常坐个小板凳在一旁眼巴巴地看着，看着他先将竹片切割成细细的竹丝，再把竹丝绑成风筝的骨架，然后在骨架上糊上带图案的纸，最后绑上风筝线，这样我的新玩具就大功告成了。记忆中的爷爷虽然老来视力愈发下降，看东西常常需要扶着老花镜端详好久，可手却是非常灵巧的，扎个风筝啊，刻个木版年画啊，都不在话下。扎风筝的时候，他也常常给我讲故事，讲这门手艺的由来，讲他的祖父雕刻木版的故事，讲他儿时听到过的杨家埠旧时的盛况，可到最后往往长叹一声:“既然每天都见新的东西，就总有旧物要消失啊。”

那时候的我并不明白爷爷这句话的意思，等到明白，却早已经远离了杨家埠，终日忙碌在高楼林立的城市里。白天的时候不觉得如何，最近夜色初起时就会常常想起小时候的事情，想起傍晚时分爷爷就坐在院子里的大树下，或者低头摆弄着几根竹丝，或者在

风筝纸上作画。这才突然醒悟，离开这么多年，我应该回去看看了。

赶回潍坊，进了大观园，远远就看到“杨家埠”的牌坊，走进去，发现广场建得比儿时规整气派了。再往里，是风筝博物馆，看着形形色色的风筝静静地陈列在玻璃窗里，让我仿佛看到儿时爷爷扎风筝的样子。继续前行，当转过一条走廊，看到眼前的街巷与儿时记忆重合，惊叹原来还有手艺人留在这里啊。制风筝的在裁纸，做年画的在刻板，更有作坊在织着老粗布，长长的一条民俗街，此时各有各的忙碌，各有各的传承。

看着眼前景，突然间再次想起爷爷的话，是啊，随着社会向前发展，

总有旧物要消失的，可也总有旧物会长久地留存下去，因为它是一个民族在一段历史时期的见证，我们无论走向多远的未来，都不会忘记自己和祖辈们曾经走过的路，不会忘记这些珍贵的中国民间老技艺。

海，让潍坊更灵动

潍坊，一座有着古老灵魂的海洋城市。如果来到潍坊，一定要到这座城市的海边去看一看，从那些世代相传的讲述和沉寂千年的遗址中，领略蓝色潍坊的神韵……

行走在潍坊北部的大海边，一座座银白色的“盐山”有序地排列在渤海之滨的盐田里。捧起一把海盐，颗粒晶莹，这每一颗盐粒都承载着厚重的历史，更诉说着几千年的辉煌。

相传在5000多年前的远古时代，潍坊沿海一带活动着一个叫夙沙氏的原始部落。部落里有个人叫瞿子，他聪明能干，善使一条用绳子结的网，每次外出渔猎，都能捕获很多的食物。一天，瞿子正在海边用陶罐煮鱼，突然一头野兽从眼前飞奔而过，瞿子见了拔腿就追，等他扛着猎物回来，罐里的海水已经熬干了，罐底留下了一层白白的细末。白末便是从海水中熬出来的盐。于是，世界海盐历史就从“夙沙氏煮海为盐”的故事开篇了。

到了4100多年前的夏朝初期，潍坊海盐已经进贡朝廷。《尚书·禹贡》对夏朝时期潍坊的海边和海盐做了记录。“厥土白坟，海滨广斥……厥贡盐絺，海物惟错。”意思是这里的土又白又肥，海边有一片广大的盐碱地，这里进贡的物品是盐和细葛布，这里的海产品多种多样。如此说来，潍坊的海盐历史已是经过了几千年的积淀。今天，潍坊海盐业仍然在全国处于重要地位，这些都源于这里悠久的海洋盐业文化。

更为宝贵的是，先人在饱经风雨的劳作中，还发现阳光照射后的海盐颗粒具有除湿驱寒的养生功能。后来，盐粒热敷法被中医应用于医疗保健领域，并流传至今。现在，潍坊开发的热敷盐包养生产品不仅传承了古老的盐文化，更打造起了盐文化产业的醒目品牌。

你可知道，潍坊古称北海。从汉代开始，潍坊在较长历史时期内被称为北海郡、北海国、北海县。这些都深深地给潍坊刻上了海的烙印。历经数千年风风雨雨，仍有一群盐业遗址站在原地，向人们诉说着潍坊与海的史实，这就是潍坊滨海东周盐业遗址群。

2009年10月至11月，潍坊市文化局、潍坊滨海经济技术开发区宣传文化中心、山东师范大学齐鲁文化研究中心联合组成的文物普查队，在央子街道发现了4处由100余个古代盐业遗址组成的大规模盐业遗址群。

考古成果震惊了整个世界，揭开了中国古代盐业的神秘面纱。整个盐业遗址群中，包括龙山文化遗址1个，商代至西周

早期遗址 14 个，东周遗址 86 个，金元遗址 8 个。其中龙山文化遗址的发现，说明早在 4000 多年以前，这里就已经开始生产海盐。具体实物与真实遗址同《尚书 · 禹贡》里面的记述正好吻合。

潍坊滨海盐业遗址的发现填补了我国东周时期盐业考古的空白，使人们对我国海盐历史有了更深入的了解。公元前 11 世纪，姜太公封齐。他根据当地的情况，充分利用傍海的自然条件，开发沿海渔盐资源，发展工商业，使人们安居乐业。公元前 685 年，春秋时期的齐桓公任命管仲为相，巧用渔盐之利，实现了富国强兵，使齐国成为首屈一指的东方强国，推动了经济的繁荣，促进了“东方海上丝绸之路”的形成。管仲因此被后人尊为“盐神”。

世界建筑大师贝聿铭说：“一座城市如果没有旧的痕迹，就好比一个人失去了记忆。”应该说，东周盐业遗址留住了潍坊的海洋记忆，固守着“海上潍坊”的灵魂，在流转的时光中守护着“北海”的文脉。

苏东坡，超然台上那杯酒凉了否

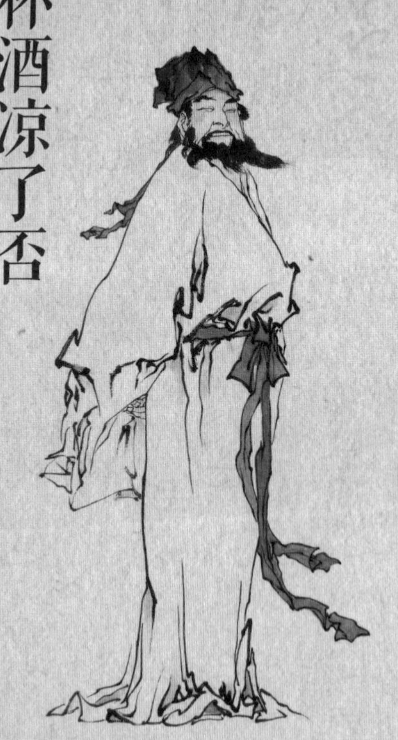

遥想 1074 年，苏轼出任密州太守，被迫躲开那风起云涌的朝堂中心，又面临极其恶劣的蝗灾旱灾，百姓“剥啮草木啖泥土”，已近四十不惑的苏大学士，就这样开始了在密州的两年多时光，并在此留下了千古传诵的诗词佳作。

苏轼新官上任，火力全开，灭蝗抗旱，为民请命，惩治盗贼，解救当地百姓于水火之中，成为受人拥护的地方官。但此时的他，生活依旧是寂寞而失意的，郁积既久，喷发愈烈，遇事而作，如挟海上风涛之气，一首《江城子·密州出猎》由此诞生：“老夫聊发少年狂，左牵黄，右擎苍，锦帽貂裘，千骑卷平冈。为报倾城随太守，亲射虎，看孙郎。酒酣胸胆尚开张。鬓微霜，又何妨！持节云中，何日遣冯唐？会挽雕弓如满月，西北望，射天狼。”

后来，苏轼修葺密州北台，其弟苏辙取老子“虽有荣观，燕处超然”之名曰“超然台”，并赋以赠。苏轼作《超然台记》，正式提出超然思想。正如苏轼自己说的那样，“雨雪之朝，风月之夕，予未尝不在，客未尝不从。撷园蔬，取池鱼，酿秫酒，瀹脱粟而食之，曰:‘乐哉游乎！’”超然台也成为东坡的文学沙龙举办地，才子们登

高远眺，吟诗作赋，自得其乐。

到了1076年的那个中秋节，苏轼与朋友们在超然台上饮酒赏月。高台、明月、诗友、美酒，几年政途多事，兄弟远在济南，几多感慨，终于凝成那首著名的中秋词，“明月几时有？把酒问青天，不知天上宫阙，今夕是何年？”一番天上地下，一番人生失意，一番美酒明月，“但愿人长久，千里共婵娟”！欢饮达旦，才子的醉后之作，丝毫不比太白先生的差。“中秋词自东坡《水调歌头》一出，余词尽废”，“天下第一中秋词”遂成定论，至今无人超越。

苏东坡是不是天下第一才子？《明月几时有》是不是天下第一中秋词？是，那就得了。由此，苏轼作这首词的超然台，自然就成为“天下第一台”了！

岁岁中秋，今又中秋。苏东坡，酒已添满，天下第一台——超然台喊你回来赏月了！

Tips

超然台

超然台，北宋熙宁八年(1075年)苏轼任密州(今山东诸城)太守时所建。当时诸城西北墙上有“废台”，苏轼“增葺之”而成，其弟苏辙依据《老子》“虽有荣观，燕处超然”文意，命名曰“超然”，并作《超然台赋》予以赞咏。超然，即超脱尘世、乐天知命的意思，后引发苏轼《超然台记》横空出世，成就千古名篇。

地址：诸城市东关大街

他，曾指点江山，
他，曾挥斥方遒，
他，曾追求山川皓月，
他，曾怀揣两袖清风……
他们，都曾生活于这片土地。
或短暂，
或一生。

这些人，随便挑一个都赫赫有名。

ÈR

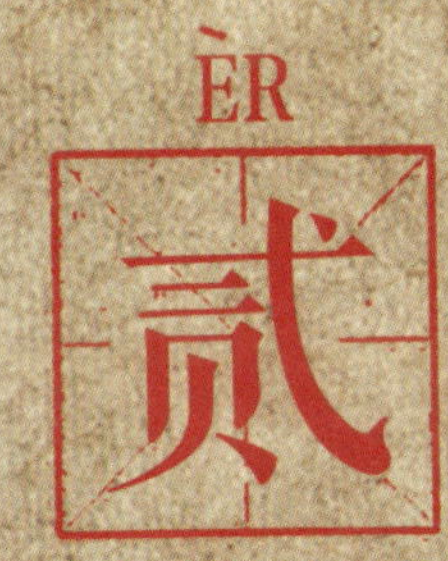

|简介|

贾思勰　生卒年不详，山东益都（今山东寿光）人，北魏著名农学家，著有综合性农书《齐民要术》。

《齐民要术》是我国现存最重要的古代农学专著，其规模之宏大、内容之丰富，堪称中国古代农业的百科全书，在世界农学史、生物学史上也有重要地位。

贾思勰，你是如何成为中国古代百科全书第一人的？

在中国历史上，从来都不缺文人骚客，也不乏爱国爱民的文官武吏。但是这位却有点特别，他既不玩文弄墨，也不舞刀弄枪，没写下惊世骇俗的诗词绝句，也没有流芳百世的赫赫战功，他出身农学世家，凭借一本教人种地的秘籍，火遍了大江南北。

没错！一个种地种到极致的人，他叫贾思勰。

魏晋南北朝，上承两汉，下启隋唐，此间北方长期战乱，民不聊生，直至北魏政权建立才逐渐安定。北魏孝文帝励精图治，国家逐渐从山河破碎的境况中恢复过来。与此同时，在山东寿光的一个大户人家里，贾思勰出生了。

说起贾家，可算得上是当地的书香门第。贾家的祖辈们不仅跟土地打交道，还热衷于农业生产方面的研究，家里更是存有不少古代农学典籍。在家庭的熏陶下，贾思勰很小就对农学产生了浓厚的兴趣，这种家庭环境，也深深地影响了他的人生轨迹。

成年后的贾思勰步入仕途，官至高阳郡太守一职。官员高高在上、威风凛凛的习性在他身上完全没有体现，他坐不住，一有时间，就去田间地头，跟当地的老农户们在田地里摸爬滚打，记录农民们世代相传的农业宝贵经验。为了更深入地研究动植物的特点，他甚至还在自家府中置办了一块空地，亲自种植蔬菜、圈养禽畜。

面对同僚的耻笑，贾思勰不为所动，他深刻地意识到，农业发达了，百姓吃得饱穿得暖，国家才能繁荣安定。为了能够全身心地投入到研究中，贾思勰辞去了官职，深入民间考察，足迹遍布山东、山西、河南、河北等地。他搜罗了大量有关气候、时令和耕种的谚语。这些谚语多是通过口传心授的方式在坊间流传，但缺乏记载，容易失传。贾思勰将收集到的这些谚语归类并整理成文，使得这些农谚得以保留。然而，仅仅依靠前人的经验是远远不够的，了解农业的精髓必须有真材实料。于是种瓜、种豆、养猪、养羊……这天底下的各类农活，都被贾思勰做遍了。

功夫不负有心人。东魏武定二年（544 年），贾思勰用尽毕生所学，结合实践所得，历时 20 余载、7000 多个日夜，终于编撰成我国第一部农业百科全书《齐民要术》。全书共 10 卷，92 篇，约 11 万字，内容涵盖种植、养殖、酿造、烹饪等方面，是中国历史上农业发展的旷世巨作，一直到今天我们的农业生产仍然能从这部巨著中得到借鉴，所谓“前人种树，后人乘凉”，或许正是这样吧。

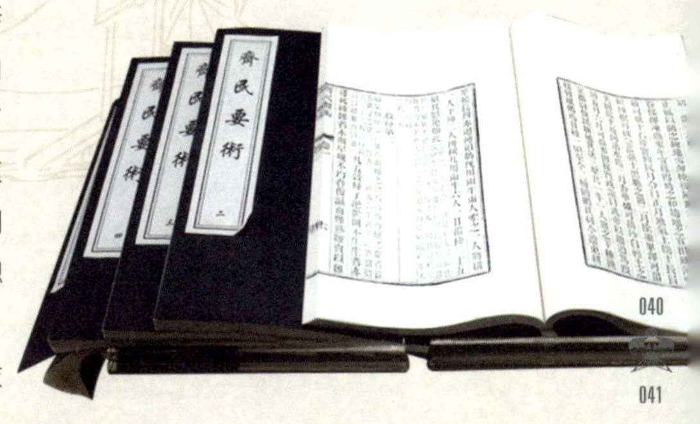

夜宴图里的那位韩熙载真的不开心

南唐。

中书侍郎韩熙载府邸。

又一个煮雪温酒的日子，厚厚的积雪压在瓦片上有种寒冷的安宁。玉珠走盘般的琵琶调从侍郎府中传出，不用问便可知这琴音出自教坊副使李家明的妹妹之手。韩侍郎家美女成群、夜夜笙歌的“美名”已然在朝堂之上远播，只是今日韩熙载夜宴的座上宾，除了新科状元郎粲、太常博士陈雍、紫薇郎朱铣、南唐名妓秦若兰、王屋山等一众老熟人之外，还多了两张新面孔，他们是翰林院画待诏顾闳中与周文矩……

1000 多年后的今天，我仍然深信，顾闳中与周文矩夜访侍郎府究竟为何，别人心里不清楚，但顾闳中和韩熙载心里却如明镜般。

韩熙载原为后唐进士，潍坊人，因父被李嗣源所杀而南奔吴地，后被南唐先主召为秘书郎，从此置身南地江宁。韩熙载究竟是一个什么样的人，《潍县志·艺文志》载：“吾潍诗派之第一人。”可见此人的诗书文学造诣奇高，同时怀有远大的政治抱负。用今天的话说，一个从北方逃难来的“南漂”，胆儿肥地在南方人的政坛上指手画脚。可偏偏对于这位“南漂”，南唐的诸位主公们异常器重，但器重的同时，还是有着某种理所当然的不放心，南唐后主李煜就是这么一位势弱却又多疑的主。

琵琶声落，顾闳中望着主座上的韩熙载，温酒壶在他的手里一个旋转，觥筹交错间不知又有多少酒被饮下，顾闳中心里为韩熙载泛起一份苦楚。这时，名妓王屋山衣袖轻扬，跳着“六么舞”艳丽登场，似垂首又似凝望，韩熙载与这位倾城美女两两相望，他走到鼓乐前，竟亲自击起了鼓，堂内

顿时热闹了起来，一众笑脸中，只有德明和尚与韩熙载低眉淡容，没有丝毫的喜悦之感。德明和尚与韩熙载乃至交好友，北地攻来南唐不保的担忧、南唐后主的猜忌、朝中一众不思进取之士的愚昧，这一切的郁闷韩侍郎恐只能与德明和尚倾诉。堂上的所有兼落入顾闳中的眼里，他与周文矩对望一眼，心里默记下了这一幕又一幕。

没错，顾闳中与周文矩的出现，实际上是为了绘制“情报图”的。李煜还是不放心韩熙载，即便朝堂上流传韩熙载不谙正事、夜夜歌舞，后主仍然心有疑窦，就在韩熙载又一次夜宴的这个晚上，终于派出了顾闳中与周文矩。我相信，顾闳中是对韩熙载有着同情与欣赏的，顾闳中在宴会中途跟随韩熙载入内室，韩熙载也心照不宣地自顾自躺在软榻上，与仕女们或是耳语，或是大声交谈，间歇还不忘洗了一把手，自然随意得就好像不知道顾闳中的存在。

好一幅悠然惬意不思进取之慵懒图！又一波赏乐过后，宴会终于结束了，众人散去，顾闳中走在了最后，眼看着刚才一众各色人群依依不舍地离别，双方的任务都已经完成。韩熙载成功地演绎了一个无任何抱负、无任何野心的庸臣角色，而顾闳中恰好可以将此夜情景绘制成图上交李煜。

1000多年了，这张《韩熙载夜宴图》究竟藏了多少玄机，让南唐后主李煜因为看了这张图而相信了韩熙载？图里的那位韩熙载是真的不开心，而绘图的这位顾闳中又是一种怎样的矛盾、同情的心理呢？北京故宫博物院，一同去看看吧。

Tips

《韩熙载夜宴图》

《韩熙载夜宴图》是五代十国时南唐画家顾闳中的作品，中国十大传世名画之一。《韩熙载夜宴图》原有两幅，周文矩所作的一幅失传。顾闳中的《夜宴图》纵28.7厘米，横335.5厘米。全卷分为五段，每一段以一扇屏风为自然隔界，将韩熙载夜宴事件的发展过程分为五个既联系又分割的画面。它以连环长卷的方式描摹了南唐巨宦韩熙载于家中开宴行乐的场景，此画现收藏于北京故宫博物院。

张择端，你可想到《清明上河图》会火成这样

2010 年上海世博会上，一幅动态版的《清明上河图》惊艳了世界，成为中国馆的最大亮点。就是这幅名作，被称作艺术界的《红楼梦》，留下无数悬念。好奇的人们不禁追问起它的作者张择端，让人们吃惊的是，这位伟大的艺术家神龙见首不见尾，有关他的资料，比曹雪芹的还少。

多亏当时有个金人叫张著，正是他在《清明上河图》后面留下的 71 字的跋，才让人们了解到这幅伟大作品背后的才华横溢的画家：

“翰林张择端，字正道，东武人也。幼读书，游学于京师，后习绘事。本工其界画，尤嗜于舟车、市桥郭径，别成家数也。按向氏《评论图画记》

云:《西湖争标图》《清明上河图》选入神品，藏者宜宝之。”

我们已经无法责备张著没有留下更多的资料了。毕竟，在“神品”上涂鸦，也是需要胆量和技术含量的。所以，后人只能从这有限的资料里去考究和推想，这倒也更增添了这幅画作的神秘感。

北宋后期的密州，城西郊外的岔道口村，一个艺术天才在默默地成长着，熟读四书五经的少年，忽然打开了艺术的天眼，一觉醒来的他提出要学习绘画。父辈怕他由此入歧途，感念他出生于岔道口村，遂命名“择端”，取字“正道”。“寂寞山城”，毕竟没有多少艺术高手，幸运的是他家与密州望族、官

|简介|

张择端

字正道，山东诸城人，北宋画家。宣和年间任翰林待诏，擅画楼观、屋宇、林木、人物。所作风俗画，市肆、桥梁、街道、城郭刻画细致，界画精确，豆人寸马，形象如生。

至相国的赵挺之家有亲戚往来，交往颇多，他因此受到一定的艺术熏陶。

密州就是密州，当时的偏远小地无法容纳艺术青年张择端的艺术梦想，他毅然决然地前往京师游学。与今天的“北漂”们一样，街头卖艺也许是走向成功的人生经历的必经阶段吧。终于，这个青年的艺术光辉照亮了另一位含金量很足的艺术青年的眼睛，艺术皇帝宋徽宗发现了这个天才，继而翰林图画院成了张择端的画室。

皇家画院的待遇，给艺术天才以极大的方便，没过几年，《清明上河图》面世，堪称现实主义风俗画卷之最。欣喜之余的宋徽宗亲自用瘦金体提上“清明上河图”并附双龙小印，更有传皇帝下令把张家人接到了东京（当时首都，今河南开封），于是，密州（今山东诸城）没有了张择端后人。

此后，这幅画作跟随朝代变迁，几经流转，竟奇迹般地被保存了下来，又最终来到了北京故宫博物院，并且仿摹者众多，它的价值也在流传中被后世传颂和惊叹，

当之无愧稀世珍宝。

当初那个密州岔道口村的习画少年，可曾想过自己的这幅画作，此后近千年，竟然火到了这般？

Tips

《清明上河图》

《清明上河图》，北宋风俗画，是画家张择端仅见的存世精品，属国宝级文物，现藏于北京故宫博物院。《清明上河图》宽 25.2 厘米，长 528.7 厘米，绢本设色。作品以长卷形式，采用散点透视构图法，生动记录了中国 12 世纪北宋汴京的城市面貌和当时社会各阶层人民的生活状况，是汴京当年繁荣的见证，也是北宋城市经济情况的写照。

娶了济南诗情小妮儿的赵明诚原来是诸城小伙儿

“莫道不消魂，帘卷西风，人比黄花瘦”“知否，知否？应是绿肥红瘦”“新来瘦，非干病酒，不是悲秋”。提起“李三瘦”，那可是词史上响当当的大名啊，中国历史上最诗情的小妮儿，什么样的小伙儿能收得了她？

才气太高，名气太大，当然，才女往往都是还有点小脾气的。18 岁的李清照，在当时已经迈入大龄“剩女”的行列了，这可愁坏了其父李格非。终于，李大小姐婚姻的转机出现在了某年的元宵节，应了“月上柳梢头，人约黄昏后”的美好时刻，一段才子佳人的故事由此开端。当朝尚书右仆射（相当于宰相）赵挺之家的三公子赵明诚，自少年时随父居住在京都汴京。帅哥赵明诚与李清照的从兄李迥外出游玩，

在相国寺赏花灯时巧遇佳人，正是这次“偶遇”，成就了文学史上一段美好的姻缘。

同朝为官的李格非与赵挺之两家算是门当户对。要说李家才女与赵家才子以前没有相互听说过，打死我也不信。事实上，赵明诚早就被李家才女折服，心仪已久。于是，借梦中“言与司合，安上已脱，芝芙草拔”的字谜请教其父，赵父了然，去李家求亲，赵明诚喜滋滋地应了字谜，成为了“词女之夫”。

赵明诚自幼聪明好学，尤致力于金石之学。赵明诚抱得美人归，女才子也受其熏陶爱上了金石之学。夫妻琴瑟和鸣，以收集金石字画为趣。十年青州“归来堂”，翻茶赌诗，其乐无穷。边玩边工作，赵明诚完成了30卷《金石录》的写作。这是金石学上继欧阳修《集古录》之后划时代的巨著，著录了赵明诚所藏的金石拓本，上起三代，下及隋唐五代，共2000种。而李清照对金石学不但不外行，而且非常喜欢，在丈夫去世后，她作了情真意切让后人潸然泪下的《金石录后序》。

如同李清照的再婚一样，那一切不过是无法还原真实情况的臆说罢了，真相难猜。而从李清照“生当作人杰，死亦为鬼雄。至今思项羽，不肯过江东”的豪迈气度来看，一个弱女子在乱世中挣扎生存，豪气不减的勇气与决心可见一斑。

这位伟大的女词人，那跌宕起伏的乱世命运，那流芳千古的宋词佳句，连同那与其谱写伉俪情深的诸城小伙儿，一起为后世铭记。

郑板桥和他的潍县岁月

“三更灯火不曾收，玉脍金齑满市楼。云外清歌花外笛，潍州原是小苏州。”260 多年前的一天，郑板桥这样描述这座城市。这位潍坊历史上最有个性的地方官，曾经“春风七载在潍县”，他登临过的禹王台，他咏叹过的白狼河（今白浪河），他修辑过的城隍庙……都化成了城市的一部分，成了潍坊文化品格中的一个个标签。

我有时会想，板桥先生对于后人加在他名字前面的称谓，“清代著名画家、书法家、诗人”“扬州八怪之一”“潍县知县”……他更喜欢哪一个呢?

1746 年，郑板桥调任潍县县令。那一年，他 54 岁。

在此之前，他在鲁西小城范县做了 4 年县令。告别范县，来到潍县，“行尽青山是潍县，过完潍县又青山”，这是潍县给郑板桥的第一印象。他不会想到，不久后他会深深地爱上这片土地和这片土地上的人民，这将是他宦海生涯中最重要的一个舞台。

据《重修兴化县志》记载：郑板桥到潍县上任后，“岁荒，人相食。燮开仓赈贷，或阻之，燮曰：‘此何时?俟辗转申报，民无孑遗矣。有谴，我任之。’发谷若干石，令民具领券借给，活万余人。”当年秋，又连续 8 个月大旱，为减轻农民负担，板桥主动“捐廉代输”，拿出他一年的“养廉银”千两之多，代交赋税，救民于水火。

“有谴，我任之！”郑板桥的这句话，出现在人民生命受到威胁之时，此时，在他的心目中，民大于天，大于那些正常的报批程序，大于自己的前程官职。

|简介|

郑板桥（1693—1765）

原名郑燮，号理庵，又号板桥，人称板桥先生。江苏兴化人，祖籍苏州。康熙秀才，雍正十年（1732年）举人，乾隆元年（1736年）进士。官山东范县、潍县县令，在潍县任县令7年，政绩显著。后客居扬州，以卖画为生。郑板桥一生只画兰、竹、石，自称“四时不谢之兰，百节长青之竹，万古不败之石，千秋不变之人”。其诗书画，世称“三绝”，是清代具有代表性的文人画家，为“扬州八怪”之重要代表人物。

“衙斋卧听萧萧竹，疑是民间疾苦声。些小吾曹州县吏，一枝一叶总关情。”当这位小小的七品官躺在衙斋里辗转难眠，听到窗外风吹竹叶沙沙作响，心中想到的却是民间疾苦之声。就是这位七品官，面对灾荒，他处置果断、措施得当，“活万余人”。他勤政爱民，“于民事则纤悉必周”。在他的任内，“无留牍，亦无冤民”，“囹圄囚空者数次”。

1751年，郑板桥写了一首诗：“进又无能退又难，宦途跼蹐不堪看，吾家颇有东篱菊，归去秋风耐岁寒”。这首诗的题目为《画菊与某官留别》。辞官归隐之心不只是口头所说、心中所想了，郑板桥已经着手在做着与潍县的朋友们告别的准备了。

1753年，郑板桥离开潍县回到扬州，走时除了书籍铺盖，没有带走潍县的一草一木、一针一线。对于官员，老百姓心中有杆秤。据传，郑板桥离开潍县之日，城内万人空巷，“百姓痛哭遮留，家家画像以祀”。

潍县人为郑板桥建了生祠，他离任之后，他的诗词书画成为人们收藏的珍品，他的故事在人民中间传了一代又一代。他留给潍县的，是千年不朽的风骨与灵魂。

杞人忧天，忧的不只是那片天

《列子·天瑞》有言：“杞国有人，忧天地崩坠，身亡所寄，废寝食者。”

从前有这样一个故事：公元前某年（已不可考），有个杞国人，每日忧虑，长吁短叹，日渐憔悴。旁人不解，问他为何如此，他说时刻担心天崩地陷，以至寝食难安。这件事在街坊邻居中传播开来，越传越广，从此“杞人忧天”还被写进了书中流传至今。

这个杞人，作为庸人自扰的“典范”，被后世传作笑谈。

其实，如果从杞人的“杞”字开始探究，将一则谚语故事抽丝剥茧慢慢推敲，从浩瀚时间的长河中追溯，倒引出了另一番隐情。

夏朝时期，杞国就已存在，但曾数次被废封号。后来，武王寻找到夏朝开国君王大禹的后裔东楼公，封他到杞地（河南杞县一带），并延续杞国国祚，主管对夏朝君主禹的祭祀。杞人正是对杞国人的称呼。到西周末年，战乱不断，杞国被迫东迁，迁至山东。春秋时期，由于别国的入侵，杞国被迫继续东迁，最终迁至齐、鲁之间的淳于一带（今潍坊市坊子区黄旗堡街道），并重新建国，直到公元前 445 年，被楚国所灭，延绵 1500 多年。关于杞国的史料记载很少，《史记·陈杞世家》对于杞国的描述只有区区 270 多字，也不过是历数其君主名号，司马迁还特别交待：“杞小微，其事不足称述。”

这样一个不足称述的小国，面对四围强邻的压迫，不得不屡屡迁移，从今河南省杞县一带，迁到今山东省新泰，后又迁至昌乐，再至安丘一带。现今潍坊市坊子区黄旗堡街道依然存有杞国故城遗址。

可以想象，在那个动荡的年代里，杞国人世世代代是经历了怎样的生存环境，国力渺小，在夹缝中求生存，飞来横祸实属可怕，忧患意识已经刻到杞国人的骨子里，怎能不整日战战兢兢？

时代久远，久到故事有了下文。

据说当时有人为这个杞人的忧愁而忧愁，去开导他说：“天不过是气体在一起聚积起来的。你的一举一动、一呼一吸，整天都在空气里活动，怎么还担心天会塌下来呢？”

杞人说：“天是气体，那日、月、星、辰不就会掉下来吗？”

开导他的人说：“日、月、星、辰也是空气中发光的东西，即使掉下来，也不会伤害什么。”

杞人又说：“如果地陷下去怎么办？”

开导他的人说：“地不过是堆积的土块罢了，填满了四处，没有什么地方是没有土块的，你行走跳跃，整天都在地上活动，怎么还担心地会陷下去呢？”

那个杞国人才放下心来，很高兴；开导他的人也放了心，也很高兴。

故事到此结束，杞人的忧虑到底是什么，已无从考证，只是为后来人留下了无数遐想和悬念，抬头望天时，时有想起。

Tips **杞国故城遗址**

杞国故城遗址东西长约1600米，南北宽约1500米，面积接近280万平方米，是目前坊子区所发现的最大的文物遗址。遗址由六大部分组成，分别是杞国故城城墙、皇城顶遗址、周家庄子遗址、周家庄子墓地、石佛寺遗址和九女冢。其中在坊子区黄旗堡街道杞城村西约200米处有一个面积约300亩的高台地，当地相传为杞国皇城所在地。

地址：坊子区黄旗堡街道

万印楼里的传奇印记

在距离十笏园西南不到 1000 米的地方，有一座藏在巷子里的古朴院落。顺着东风西街一路往西，在芙蓉街的入口处就能看到。一幢由青砖垒成的两层小楼紧贴路边而立，与周围的现代建筑相比显得格外突兀。紧挨小楼北侧的是院子的大门，大门上挂着一块匾额，赫然写着“万印楼”三个大字。

看到“万印楼”，就不得不提它的主人——清代著名金石学家陈介祺。这里是陈介祺的故居，也是他晚年收藏、研究金石文物的地方。

作为一个业余篆刻爱好者，不可能不知道陈介祺。这次到万印楼参观，也是慕名而来，完成一名篆刻爱好者必修的圣地巡礼。推开朱红的大门，刻有启功先生题的“陈介祺故居陈列馆”的影壁墙最先映

入眼帘。院内修葺得十分精致，若不是门口的匾额，说这是寻常人家的院落，也不足为怪。院子占地面积很小，仅有几幢建筑。照理说，能玩得起收藏的，肯定家底雄厚，用现在的话来说，陈介祺应该是个标准的“富二代”呀，总不至于居住在这仅有三五间房的小院里吧。后来经陈列馆工作人员介绍，现存的几幢楼仅仅是陈介祺故居的冰山一角，原陈氏故居的规模非常大，占地足有 1 万多平方米，房屋 100 多间，是陈氏家族世代居住的地方。陈氏故居历经中国近现代的风雨洗礼，最后这几栋建筑得以保留，改建成了如今的这座“陈介祺故居陈列馆”。

陈介祺一生收藏印玺 7000 多方，各类古陶器、瓦片、古青铜器不计其数，其数量之多，种类之丰，堪称金石收藏之最。数量如此众多的藏品，不仅和陈介祺一生嗜古成癖且家财万贯有关，还和他对待古物的强烈使命感、责任感是分不开的。

|简介|

陈介祺（1813—1884）
字寿卿，号簠斋，谥号文懿，是中国近代著名的民间古文物收藏家，更是晚清时期中国杰出的金石学家和古文字学家。清道光二十五（1845年）年进士，官授翰林院编修。后来因不满清政府丧权辱国腐败没落，于咸丰四年（1854年）辞官归里。在此后的30多年中，他一心扑在金石收藏与研究上，倾尽毕生心血编汇了《十钟山房印举》等多部旷世巨作，为后世留下了珍贵的文字史料。

陈介祺收藏众多，其中最引人注目的当属咸丰二年(1852年)收藏的毛公鼎。毛公鼎是西周晚期毛公所铸青铜器，鼎内铭文长达四百九十九字，记载了毛公衷心向周宣王为国献策之事，被誉为"抵得一篇尚书"。这件稀世瑰宝几经流转现成为台北故宫博物院的镇院之宝之一，放在商周青铜展厅最醒目的位置，是永不更换的展品，并作为台北故宫博物院的两大纪念章之一。

Tips

万印楼

地址： 潍城区东风西街潍坊三中东侧芙蓉街内

“古器出世即有终毁之期，不可不早传其文字。”文懿公如是说。凡万物都有寿命，器物一旦被制造出来，早晚有一天会遭到破坏而失传。如果不及时地记录下这些文明，那么许多珍贵的史料就再也无从考据了。陈介祺似乎明白自己肩负着什么样的使命，收藏文物不是为满足一时的占有欲，更不是为了充门面和炫富，它是一种保留，一种传承。既然自己有这个爱好，又有这个能力，那么天下还有比我更合适的人选吗？在他生命中最后的三十几年里，陈介祺目睹清政府丧权辱国腐败无能，意识到如果再不做点什么，中华民族珍贵的历史文物都将流失海外。晚年的陈介祺更加急切地展开文物搜集和调查工作，就连丧妻殁子之痛都没有动摇他的决心。但是，尽管陈介祺耗尽毕生精力，呕心沥血，还仍有一部分手稿未能整理成书。

今天的“万印楼”仅作为纪念陈介祺之用，原本所藏文物，大部分已经交由国家保管，也有的已流失海外，比如著名的“陈氏十钟”现存于日本泉屋博古馆。

那个胡同很“状元”

潍坊有个状元胡同，我本是不以为然的。只有考上状元取得功名才是人生荣光，我也是不同意的。那场不朽的落榜后，张继乘舟荡漾在寒山寺外，看月落听乌啼，与江枫渔火对愁眠。倘若没有落榜，历史上便少了这样的一首好诗。从读《枫桥夜泊》的那天开始，我便深深记住了这样一个落榜生，在心里也就将“状元”拉下了神坛。李白、杜甫无一考取过功名，李白没资格，杜甫没考上。

从隋大业至清光绪，中国科举制存留了1300多年。据史籍记载，从唐初到清末，共有状元504人。其中，至光绪三十一年（1905年）废科举制时，清代共有状元114人，而就在这114人中，潍县一条街道在28年间贡献了2名状元。虽不至于对状元膜拜，但我也深信一句话，没考上状元的不代表无才无德，但考上状元的一定是有着过人之处的。

一个胡同里出两个状元，这概率就好比在同一个小区的同一栋楼上，前年一楼家的外孙拿到了全国高考状元，过了没多少年，顶楼家的小儿子又拿了个全国高考状元。而这曹鸿勋、王寿彭所在的潍县西南关的新巷子正是如此，这巷子也被称为“状元胡同”。

曹鸿勋是这状元胡同里的第一位状元，不仅仅如此，他也是科举制以来潍县高中的第一位状元。曹鸿勋为官清廉，书法造诣极高，北京故宫、颐和园、潍县等处都留有曹鸿勋的墨迹石刻。他在任期间，还打出了中国陆地中第一口油井，史称“老一井”。曹鸿勋之后，同样是家境贫寒、同样出自这条巷子的王寿彭再次夺得状元。

说起王寿彭的高中，据坊间流传，多少还与曹鸿勋有点关系。曹鸿勋中状元之

后，就在自家胡同口建了一座牌坊。几年后只有六七岁的小娃王寿彭突然郁闷了，你中状元弄一牌坊架在胡同口，那我中状元的时候咋办呢？王爷爷听孙子一说，有理啊。爷孙二人找到了曹状元家，曹家人乐了，曹鸿勋高中之前的 1000 多年里潍县没出个状元，状元哪那么容易中啊？可王家爷孙俩就是较上劲了，万一中了呢？万一呢？曹家人一拍脑门，如果中了就把你家牌坊架在我家牌坊的上面。从此王寿彭志在千里，发奋读书。

清光绪二十九年（1903 年），潍县西南关的新巷子再次迎来了第二个状元，28 岁的王寿彭高中。王家人是不是真的在曹家的牌坊上又架上了一个，不得而知，但从此“状元胡同”的大名越传越远。而这位少小宏志、出身寒门的王寿彭后来成了山东大学的创始人。1925 年，他出任山东省教育厅厅长，第二年他创立山东大学，也是我国历史上第一位状元出身的大学校长。

后来我曾专门去寻找过这条状元胡同，牌坊已不在，胡同也在旧城改造中被拆除，仅留下一块展开的石雕书页，记录着两位状元不朽的经历与年华。

诗人啊，你的世界不只有诗和远方

今年三月，许巍的新歌刷爆朋友圈，其中有四句最为惊艳：“生活不只有眼前的苟且，还有诗和远方的田野，你赤手空拳来到这世间，为找到那片海不顾一切。”词作者是我最喜欢的高晓松。

歌曲一出，立刻掀起了一股“诗和远方”的热潮，在现世喧嚣中忙着汲汲营营的我们恍然惊觉：我们是有多久没有停下忙碌的脚步，择一阳光和煦的午后，煮一杯茶，翻一本书，会一挚友，又或者什么也不做，只是一个人静静地坐坐？可是不久也有了争议：眼前就一定是苟且吗？不立足眼前，又何以言诗和远方？两种观点冲突，我亦思考良久，却突然想起了写得出“山映斜阳天接水”，却以“先天下之忧而忧”立身的北宋文学家范仲淹。

Tips

范公亭公园

范公亭公园始建于北宋仁宗年间，是当时人们因感念范仲淹的德政而建，后经过历代修茸，至今已经形成占地300亩的旅游胜地，其中有范公亭、顺河楼、李清照纪念馆、三贤祠、洋溪湖等景点。

门票：青范公亭公园免费，其中李清照纪念馆和范仲淹纪念馆门票均为20元

地址：青州市范公亭路西路65号

还记得在潍坊初游范公亭，天空中正落着春日的毛毛细雨，我躲在亭内避雨，遇一老先生在旁拉琴，琴声的间隙里，我望着亭外已经日渐葱郁的园林说：“范公当年在这里做了几年官啊？”只当自言自语，没想到老先生却答道：“两年。”然后琴声再次响起，我的心绪却在起伏斗转的琴声里掀起波澜：想想至北宋时期的青州已有几千年文明史，历任官员数不胜数，古潍县人凭何为一任期两年的地方官员修亭建祠，而后扩建成这森森园林？

之后几经走访，发现范仲淹虽只在青州任知州两年，却为当地百姓办了许多实事，其中有两件最为有名：一是当地流行一种“红眼病”，范仲淹亲自搜集药方，和众药师一起取阳河泉水配成白丸，治愈了这一蔓延多年的顽疾；二是河北水灾使大量灾民滞留青州，当地粮价暴涨，范仲淹得知博州粮价较低后一改以往百姓去博州交皇粮的惯例，收款去博州买粮上交，

既免去了老百姓的长途奔波之苦，又平抑了青州的物价，可谓一举两得。如此尽心为民，也难怪当地百姓会感念至今。

追溯范仲淹的生平，他终其一生都在竭尽全力为国为民谋福利，任泰州县令期间重修捍海堰，任苏州知州兴建郡学，在庆州整编军队击退党项兵，居庙堂之高则谋兴业建邦大计，纵使被贬也不忘忧国为民的本心，虽一生大半时期郁郁不得志，却凭高尚正直的品格被后世敬尊为“范文正公”。

时人追忆先人，多半因其有锦绣文章留世，然而范仲淹与历代文

人相较，更留给我们一种厚重的感觉。他有诗吗？自然有，笔下斜阳之外芳草早萋萋，有远方吗？有啊，历经磨难仍恪守清宁的本心。可总觉得世人敬重他是因他有太与众不同的地方，思虑良久，恍然醒悟，或许是因其一以贯之的民族责任感吧，虽历经磨难，却始终不改忧国忧民的初心。而后人面对“众人皆醉”的境况，又有几人能像他一样做到“宁鸣而死，不默而生”？于是灵乌一赋流传百世，而我们只能隔着浩浩的历史长河，稍稍遥望一下他的项背。

公冶长，公冶长，南山顶上一只羊

安丘西南的石埠子、辉渠、柘山三镇之界有城顶山，山上有两棵银杏树，树下有个书院，书院里住过公冶长。

相传 2500 多年以前，公冶长定居城顶山，筹建书院传播老丈人孔子的学说，课间无事，便在山上栽下了两棵银杏树。于是后人便称这书院为公冶长书院。这山就叫书院山。但这银杏树，还叫银杏树。千年双株银杏树，东雄西雌，脉脉相对，夏日绿叶满天，冬初金黄覆地，简直美得让人想哭！

公冶长，春秋时期齐国人（一说鲁国人），孔门七十二贤之一。他的史迹主要存在于《论语》《史记》《孔子家语》及后人注疏之中。《论语·公冶长第五》记载："子谓公冶长，'可妻也，虽在缧绁之中，非其罪也。'以其子妻之。"这段话传递的信息是：公冶长，复姓公冶，长为名或字，曾坐过监，孔子认为非其罪也，后将女儿嫁给了他。

公冶长本事渺茫难寻，《论语》中又仅此一见，其声名却远播后世，原因主要是公冶长识鸟语的传说流传甚广。

公冶长识鸟语的传说有多个版本，最早的是南朝皇侃《论语义疏》版，还有明代田艺蘅《留青日札》版，清代陈梦雷《古今图书集成》版。而在安丘大地流传最广的却和这三个版本都微有不同。

话说一天公冶长正在静心读书，但又饥肠辘辘，这时书房前忽有一只乌鸦“呱呱呱”叫个不止，公冶长听乌鸦叫道：“公冶长，公冶长，南山顶上一只羊，你吃肉，我吃肠。”公冶长大喜过望，快步跑到南山顶上，果见一羊倒毙而死。公冶长将羊拖回，连肠煮而食之，那只提供信息的乌鸦却连汤也没捞着喝。时间不长，乌鸦又在门前叫曰：“公冶长，公冶长，南山顶上一只羊，你吃肉，我吃肠。”公冶长急忙赶了去，结果发现好多人围在那里，他怕死羊被人抢走，急忙说：“那是我杀的，那是我杀的！”公冶长到了近前，却发现原来是几个官差正在围着一尸体苦于找不到凶手。官差见公冶长自投罗网，便将他捆了交差。后来公冶长几经辩白才得以逃脱干系。

史实总不如传说来得精彩，而传说也总不如风景来得实在。公冶长书院因人以传，又加上自然风光幽美，系安丘古八景之一，现属城顶山生态旅游区，为国家 3A 级旅游景区、国家级森林公园。

今天旅游区内，万木郁郁，苍苍如初，齐长城横亘于城顶山上，古书院掩映于绿荫之间。假如你漫步其中，举首有依依的停云，放眼是万亩的樱桃树。忽尔停步，风声之间，你或会听见鸟儿的叫声：“公冶长，公冶长，南山顶上一只羊……”

Tips

公冶长书院

公冶长书院位于安丘市石埠子镇西北城顶山前坡，相传为春秋时孔子弟子公冶长读书处，后人思念先贤，在此建公冶长祠。院内碑亭内有明、清两代立的石碑，记载着修复公冶长祠的史实。公冶长手植的雌雄两株银杏树犹在，站在山顶凉亭俯瞰公冶长书院，青山环抱，书院掩映在绿荫之间，风景如画。

匠人心，城市礼。

从前慢，
手艺传承慢，
器物打磨也慢。
耐着性子精雕细琢，
一日一日俯身创作。
那时光静悄悄从指尖溜走，
他们是匠人，
一辈子，
只做好一件事。

“高粱熟来红满天，九儿我送你去远方”，

哼起《红高粱》的主题曲，

不由自主地就想起了这个故事发生的地方——山东高密。

高密这片沃土，不仅养育了中国第一位诺贝尔文学奖获得者莫言，

还孕育了许多民间艺术绝活。

泥塑、扑灰年画和剪纸，这三样高粱地里土生土长的民间艺术，

被称为“高密三绝”。

高粱地里三秀绝活儿

泥塑

老虎出没请注意

倘若有人告诉你，高密有老虎出没，你千万可不要掉以轻心！高密的老虎胸挂桃红大花，额涂朱笔大“王”，竖眉瞪眼，既威风凛凛，又娇艳可掬。最重要的一点，如果胆敢捏它一下，它就会发出吼吼的叫声。不过不用担心，此老虎非彼老虎，高密的老虎是泥巴做的。泥老虎是高密泥塑中最常见的题材。

相传明朝万历年间，河北省泊镇一带连年受灾，当地有个叫聂福来的人逃荒来到高密一带，在此落户聚众，后来逐渐形成聂家庄。聂家庄周遭土质细腻独特，泥土遇水再风干后不裂不碎，坚硬如石。聂福来为谋生计，就用当地泥土制作了一种节庆烟花“锅子花”，备受人们喜爱，这种泥制焰火便是高密泥塑的前身。明末清初，聂家庄民间艺人不再满足于制作烟花，转而开始创作彩绘泥塑。嘉庆年间，聂家庄泥塑进入全盛时期，不仅花样繁多，而且工艺先进，泥塑本身也由哑笨呆板进化为能叫会动，其中最有代表性的就是泥老虎。

泥老虎制作时分为首尾两部分，中间用皮革连接，内部装有弹簧和低音哨子。用手拉送虎躯鼓动空气，即有啸声由虎口传出，惟妙惟肖。虎形泥塑在国内并不少见，但这种会叫的泥老虎还是高密首创，不仅小孩子喜欢，大人也爱不释手。

扑灰年画

以灰为墨却无痕

“北有潍县杨家埠，南有高密扑灰画。”一枝独秀的高密扑灰年画，以其独特的制作工艺和艺术风格，在众多年画形式中独树一帜，是高密绝无仅有的艺术瑰宝。

相传明朝初期，在高密公婆庙村有一户王姓人家。这家人从外地迁徙而来，靠临摹一些画作和庙宇壁画摆摊出售维持生计。在作画过程中，王氏人家不断摸索，土法上马，把随处可得的柳树枝烧成炭棒当作画笔，把咸菜疙瘩刻成印章来印画。扑灰年画中的“扑灰”，就是以灰为墨，先用柳枝炭棒勾勒出线条作为底版，再利用炭灰的吸附性，将底版扑印在另外的纸上，接着在印稿上比着炭灰线勾勒上色。勾完线稿以后，用鸡毛掸子轻轻一扫便能使印在纸上的炭灰脱落，丝毫不影响整张画作的干净整洁。用这种方法，一张底稿可以反复摹印数张，时间长了底稿不清晰了，就用柳枝炭棒加深一下，还能继续用。这种复印方式成本低廉，材料唾手可得，创作时也十分灵活，可以随时修改，作为扑灰年画的特色工艺一直延传至今。

剪纸

小剪刀，大世界

根据史籍和民间传说推断，高密剪纸约产生于蔡伦发明造纸术后的东汉时期。后来，其用途逐渐扩大到各个领域，技艺也越来越精巧。在高密，民间不论婚嫁还是逢年过节，都喜欢用它来装饰生活用品和房间。明朝初期，大批移民也带来了南北东西各不相同的剪纸风格。高密剪纸集江南剪纸的玲珑剔透，蓄北方剪纸的淳朴浑厚，逐渐形成了其独特的艺术风格。

自明朝至今，潍河东岸近百个村庄，几乎村村有剪纸能手。剪纸艺人创作时，常常盘腿坐在炕上，一手持短刃尖头剪刀，另一手拿红纸。对于简单的图案，熟练的艺人不用画稿就能直接剪出。而创作复杂的剪纸作品时，有扎实绘画基础的艺人，能将现实生活中的各类形象“翻译”成剪纸语言，再加以娴熟的技艺，将其展现出来。

素有“九穴五龙之抱流，西砾东岗之叠嶂”之称的高密，以“南揖九岭之秀、北瞰古城之雄”的优越地理条件，哺育了勤劳智慧的高密人民，创造了这独具特色的“高密三绝”，为后世留下了宝贵的精神财富。

《核舟记》里有乾坤

明末散文家魏学洢的《核舟记》文末有一句：“假有人焉，举我言以复于我，我必疑其诳。”意思是说，如果有人把我刚刚所描述的一切给我复述一遍，在没有看到实物之前，我肯定怀疑他在说假话。如此精细的雕工，刻画于不盈一寸的桃核之上，仅凭描述的确很难让人信服。

“舟首尾长约八分有奇，高可二黍许。中轩敞者为舱，箬篷覆之。旁开小窗，左右各四，共八扇。启窗而观，雕栏相望焉。闭之，则右刻‘山高月小，水落石出’，左刻‘清风徐来，水波不兴’，石青糁之。”这是明末散文家魏学洢《核舟记》中最精妙的描述，将核雕作品“夜游赤壁”的实际景象刻画得栩栩如生。

在潍坊十笏园西北侧的潍坊非遗文化中心，核雕技艺第五代传承人王绪德经营的“德馨斋”核雕艺术馆就坐落在道路一旁。馆里展示的若干核雕作品中，有两只被誉为“镇馆之宝”，一只是核雕作品《百万雄师过大江》，另一只则是根据《核舟记》中的描述所复刻的《夜游赤壁》了。

小小的桃核上雕着小船，船上共6人，神态各异，四门八窗均可自由开合，持放大镜细观，可见门窗上镌刻有近60个字，令人称奇。较《核舟记》中所描述的更奇特的是，王绪德这只“核舟”中，有一小书童伏在桌上酣睡，另有一小和尚伸展双臂，似刚睡醒般慵懒地打着哈欠。船头垂下一条锚链，细数

|简介|

王绪德　山东省潍坊市人。1962年毕业于潍坊市工艺美术学校，师从核雕大师考功卿，系潍坊核雕第五代传人、高级工艺美术师、山东省工艺美术学会会员、万印楼印社社员、中国工艺美术学会会员、美国国家雕刻协会会员、世界雕刻协会会员。国家级非物质文化遗产代表性传承人。作品曾在美国夏威夷、辛辛那提，德国柏林、波兹坦、不来梅、开米司等地展览。

之，共40余环，每环小若谷粒，细如发丝，由一枚小桃核镂刻而成，其雕工之精细，匪夷所思。

核雕自晚清时期由北京传至潍坊，至今已有百余年历史。鸦片战争以后，清朝逐渐衰败，在皇宫里的核雕艺人受到冷漠而流散各地。有一绰号叫张大眼的核雕艺人，从京城流浪到山东诸城以卖艺为生，在贫困潦倒之时得到了潍县人都渭南的救济，遂将核雕技艺传授于他，这便是潍坊核雕的渊源所在。后来，都渭南的儿子都兰桂核雕技艺大进，收考功卿为

弟子。新中国成立后，周总理曾派人来到潍坊了解核雕艺人的情况，并要求拿出7件作品来作为外交礼品赠予友邦。考功卿随即被安排到潍坊嵌银厂（当时是潍坊市嵌银生产合作社）专门从事核雕工作。20世纪60年代，潍坊市为了发展工艺美术事业，于1962年7月1日成立了潍坊市工艺美术研究所，又把核雕艺人考功卿调到研究所上班，时为学员的王绪德自此跟随考功卿开始学习核雕，并最终成为今天核雕技艺的第五代传人。

小小的桃核，内里有乾坤，核雕匠人们用匠心雕琢着一个一个故事。就像佛家所云：一花一世界，一叶一菩提。小小的核雕上，又何尝不是藏匿着一个丰富多彩的世界呢？

一片丹心铸古铜

熔炼青铜为器，镌刻亘古情怀，携一身斑驳锈迹，如同穿越时空而来。我深爱这门技艺，复古、怀旧，情谊满满。有这样一对爱人，身怀绝技，几十年如一日，匠心不改，为爱守艺。

早在3000多年前的商代，我国的冶金工匠便掌握了熔炼青铜制造器具的技艺。但随着时代的变迁，古老的青铜器在历史的车轮下破损或消逝。为了挽救和修复这些古老文物，就有了仿古铜工艺。潍坊最早从事仿古青铜器制作的，是一位叫胥伦的农民。他生性聪敏，心灵手巧，能书善画，曾尝试仿制汉代铜印和古造像，并取得了成功，得到金石学家陈介祺的赏识。陈介祺拿出自己所藏的三代青铜器和六朝佛像，与胥伦共同研讨仿制工艺，所仿器件惟妙惟肖，近乎乱真。后来胥伦经陈介祺介绍，赴京为盛昱、王懿荣铸印，一时间闻名京师。

潍坊仿古青铜器铸造技艺，是一门让现代铸造青铜器焕发古朴风韵的秘技。通过传统的铸造工艺和特殊的“做旧”工艺，能够极大地还原青铜文物原有的风貌。和潍坊众多手工艺一样，仿古青铜铸造工艺也在近代

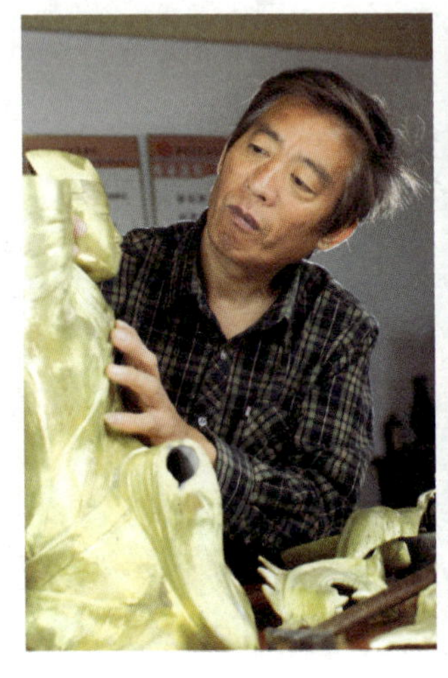

|简介|

季传志、武春香 2007年2月，季传志、武春香夫妻二人被认定为潍坊市非物质文化遗产仿古青铜器制作工艺代表性传承人。

1971年，二人拜潍坊仿古青铜器老艺人玄祖基为师，学习制作仿古青铜器。在潍坊工艺美术研究所从事研究40余年，季传志夫妇将所有精力都投入在仿古青铜器艺术上。二人创作的仿古青铜器造型准确，形象逼真，惟妙惟肖，深受专家学者的赞赏和收藏者的喜爱。

动荡的历史格局中顽强地生存了下来。新中国成立后，仿古青铜器铸造技艺重获新生。当年，身为仿古铜铸老艺人的玄祖基收了两位徒弟：季传志和武春香。按照老规矩，铸造青铜器物尤其忌讳女人的参与。武春香虽为女子，但她心灵手巧，勤奋好学。玄祖基思想开明，将仿古铜铸技艺毫无保留地传授给了师兄妹二人。再后来，季传志和武春香结为夫妇，夫妻二人呕心沥血，坚持传统工艺，将毕生精力都奉献给了青铜艺术。

千古青史一瞬过，一片丹心铸古铜。仿古青铜器铸造技艺离不开匠人们的坚守。它更像是一门学问，引世人孜孜不倦地追求。守望，有时是一条艰辛坎坷的路。这条路，需要有人坚定地走下去。

当红木遇上白银

老潍县的能工巧匠们用自己的智慧和巧手，为红木和白银安排了一场华丽的相遇。

红木和白银，一个是木材，一个是金属，红木天生高贵，是制作木器的上乘材料，白银作为饰品和货币，其价值更不必多说。老潍县的能工巧匠们用自己的智慧和巧手，为红木和白银安排了一场华丽的相遇。

红木的质地较硬，材质较重，从古至今被广泛用于制作雕花家具和摆件。而银洁白如月，在金属中属于质地相对柔软的一种，比其他金属更容易打制器物。一直以来，红木和白银都是单独存在，你做你的家具，我做我的首饰。

古老的潍县，是个手工业繁盛的地方，手工艺人层出不穷。而许多手艺是从偶然之中诞生并发展起来的。手艺人有时候从事一门工作时间久了，会在工作之余触类旁通，“脑洞大开”。正如为红木和白银安排这一场相遇的人，他既不是木匠，也不是银匠，而是两位铜匠。

据记载，清朝道光年间，两个心灵手巧的铜匠艺人姚学乾、田熔睿，仿照古代青铜器镶嵌金银丝的工艺，尝试在红木上嵌入银丝，制成用于观赏的器物。经过几次试验，二人最终取得了成功，红木和白银第一次以这样的方式结合在了一起。到了光绪年间，嵌银工艺得到了传承和发展，花纹图案也从原先的古钱汉瓦进化为山水花鸟。为了增加嵌银木器表面的光泽度，当时的嵌银艺人田晓山使用天然大漆来髹饰表面。经过复杂的大漆工艺处理后，红木表面色泽更加深厚，古味浓郁，再加上银丝独特的白色光泽，形成了鲜明的对比，使嵌银木器更上一个档次。民国时期，红木嵌银漆器成为一种潮流，制作嵌银漆器的店铺号子在全国发展到 20 多家，所制物品包括手杖、文房四宝、各种置物架、收纳盒等，销路甚广。

潍坊红木嵌银漆器发展至今，已经经历了五代手工艺人的孜孜传承。近现代动荡的历史不仅没有将它掩埋，相反，手艺人们走南闯北博采众长，在传承中谋发展，将南方木工精致的雕花工艺融合进红木嵌银漆器的制作中，弥补了北方木雕过于简单的短板。作为潍坊嵌银髹漆技艺的第五代传承人，陈增先生不仅嵌银髹漆技艺高超，同时也精于木工，开创性地将嵌银髹漆技艺运用在大型木质家具上，一改嵌银髹漆只做小件的传统，使嵌银产品在更多场合上得到应用。

红木和白银，本来没有生命，也不曾有交集，但是经过匠人们的加工，便有了思想，有了灵魂。嵌银髹漆，红木与白银的一场美丽相遇。

|简介|

陈增　山东潍坊人，国家级非物质文化遗产嵌银髹漆技艺第五代传承人，15岁开始学习嵌银髹漆技艺。20世纪80年代起，陈增曾经多次为北京中南海涵元殿、天安门城楼接待室、国家领导人办公室等设计制作产品。他设计制作的博古文具和紫檀木嵌银宫扇被中国工艺美术馆永久收藏。

一方好砚配好字

一朋友研习书法数十年，自成一体。朋友们之中若有谁得了他的墨宝，莫不以为幸事。有一日问他临了这么多的帖是否对笔墨格外有讲究，他神秘莫测地笑着说：“其实最讲究的，当数砚台。”他视若珍宝般地取出了珍藏多年的一方砚台给我看，是青州的红丝石砚。

青州的红丝石砚，其实早负盛名。早在春秋时期，孔子就赞誉其“琼脂玉花”，后唐代大书法家柳公权在《论砚》中称“蓄砚以青州为第一”，更有宋代唐彦猷在《砚录》中云“红丝石华缛密致，皆极其妍。既加镌凿，其声清悦。其声之华泽，殊非耳目之所闻见等”，从此进一步奠定了红丝石砚为“天下第一砚”的地位。

红丝石砚居四大名砚之首，不仅仅因

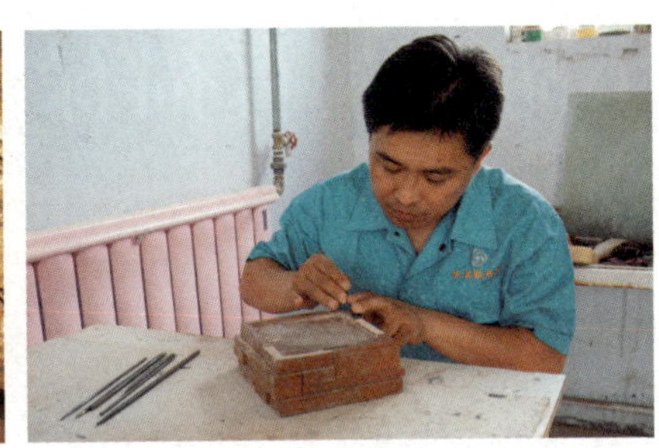

其质嫩理润、发墨如发油、贮水不耗的优点，还因它仅存于青州的黑山红丝石洞，且采石极为困难。当然，红丝石砚之所以能得历代文人雅士品鉴、珍藏，也自然离不开历代制砚匠师的一双双巧手，机缘巧合我结识了费忠心先生。

青州费家祖孙四代都致力于红丝石砚的雕刻与研究，费忠心是第四代红丝石砚技艺传承人，将家族的制砚技艺在一脉传承的基础上进一步发扬光大，技艺日渐精进。

费忠心制砚，首先根据红丝石的形状、纹理、色泽等进行设计，巧妙构思，用笔将砚的图形勾好，再进行雕刻。雕刻的过程对技术要求极高，需综合采用阴线刻、浅浮雕、高浮雕、圆雕、通雕等手法，因材施艺，使砚石的天然品质得以完美体现。最后将雕刻好的砚台用磨石打磨，直至将红丝石砚的亮度与光感全部挖掘出来，使其细腻滑润，线条清晰，起伏分明，玲珑浮凸。

费忠心注重红丝石砚雕刻工艺的传承，培育制砚弟子之余，他投资筹建了青州“岩宝斋”，打造红丝石砚研究平台，为珍宝红丝石砚的传承做着不懈的努力。

红丝石砚能凭温润如玉的质地和艳丽多姿的色彩成为一方方绝无重复的艺术珍品，制砚技艺一脉传承至今，不乏历代匠师的承袭和坚守，更不乏砚上幽幽墨香挥毫而就的华夏意蕴精神。

|简介|

费忠心 男，祖籍山东省青州市，现为第四代红丝石砚技艺传承人。其刻砚刀法精准，代表作品有“笔筒砚”“六面砚”等。制砚之余，还投资筹建了青州“岩宝斋”，为珍宝红丝石砚走出青州、走向全国、走向世界而不懈努力着。

小葫芦上有福禄

葫芦是中华民族最原始的吉祥物之一，有着福禄吉祥、圆圆满满的寓意。上至百岁老翁，下至几岁孩童，见之无不喜欢。人们常常把葫芦悬挂在门口、床头、房梁上面用来避邪驱凶，镇宅纳吉。在我国民间传说中，寿星、太上老君、济公活佛，也都将葫芦作为

神仙法器。因此，以葫芦为基础的艺术品琳琅满目，葫芦雕刻、葫芦彩绘、葫芦烙画和利用特殊方法培育出的异型文玩葫芦等比比皆是。由于葫芦烙画在技艺上相对难度更大且作品更加生动，所以广受人们喜爱，甚至被收藏。

作为一名烙画艺人，从初识葫芦烙画工艺至今，已有十多年了。十几年前在北京的一个晚上，我和同事在街上闲逛，不远处的门头里传来收音机的声音，一股烙制所特有的香气也顺着街道飘来，沁人心脾。循着声音和香气的方向而去，推开半掩的店门，只见各式各样大大小小的葫芦，琳

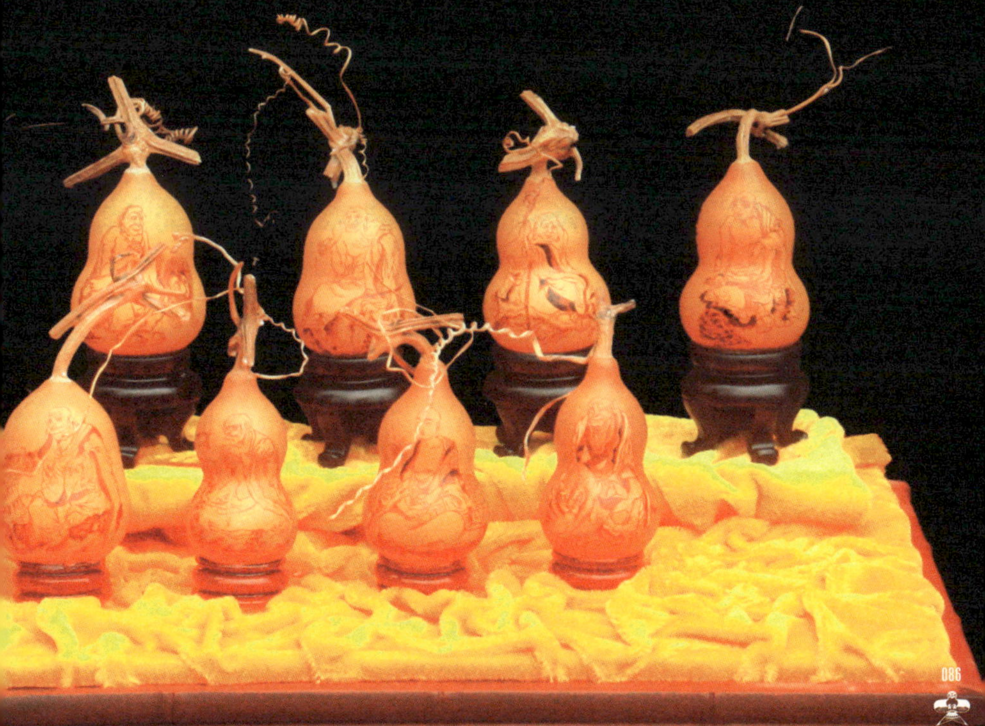

|简介|

丁承效 1963年11月生人，潍坊市工艺美术大师，葫芦烙画技艺代表性传承人。2009年成立潍坊市仁和轩葫芦艺术工作室，专职从事烙画创作。现任山东省工艺美术协会理事，潍坊市工艺美术协会副秘书长，烙画专业委员会主任。

仁和轩葫芦艺术工作室

地址： 潍城区十笏园博物馆关帝庙对面道路东侧

琅满目，房间的一角坐着一位六七十岁的老人，正拿着电烙铁在葫芦上烙画。我当时就被这种作画方式所吸引，不知不觉观摩了一个多小时才离去。回到家中，就着自己的绘画功底，经过一段时间的摸索，我无可救药地爱上了这门手艺。

追根溯源，葫芦烙画其实来源于木版烙画，是利用烙笔的高温在葫芦表面留下烧灼痕迹的一种绘画技艺。葫芦的表面较之木版更加细腻光滑，能将各种绘画风格淋漓尽致地展现出来，所以葫芦烙画较之木版烙画题材更广，手法更多，表现力更强。但由于葫芦表面不是一个平面，所以作画

时也更难把握。一件好的烙画作品，一是需要葫芦自身品相的完美，二是需要烙画艺人深厚的艺术底蕴，二者结合才能相得益彰。

2009 年，我在潍坊成立了自己的烙画艺术工作室，取名“仁和轩”。因为没有经验，开业之初心中不免忐忑，可转念一想，如果这件事纯粹是为了爱好而做，盈利与否反倒不重要了。几年时间过去，工作室不仅没遇到什么大麻烦，反倒渐入佳境，前来定制烙画的人越来越多，其中不乏同行朋友来切磋技艺。

葫芦烙画用烙笔代替了画笔，将中国国画的韵味和中国书法的灵气体现到了人们喜闻乐见的葫芦上去，小葫芦上有福禄，中国传统文化让葫芦更加富有艺术魅力与人文价值。

这石雕，刻山刻水刻佛像

早闻青州石雕石刻有名，曾赞叹普普通通的石头怎就能被雕刻出这么多的花样，浮雕、透雕、圆雕各有各的娴熟技法，山水、花鸟、佛像，刻不尽的万千姿态。不过要说最出彩的啊，还得是青州的佛教造像。

说到青州的佛教造像，就不得不提如今隐于青绿山水之间的龙兴寺。20 世纪 90 年代中期，龙兴寺出土的石刻佛像一时间轰动海内外，被誉为“中国 20 世纪百项考古大发现之一”。不到 60 平方米的地下窖藏，三叠造像摆放共计 400 余尊，型制从几十厘米到几米大小不一，年代迄北魏至唐宋，历史跨度悠久。各造像既有北地的敦厚、质朴，又兼南方的清秀、细致，外加雕刻技巧高超、神情姿态各有殊异，洋洋大观的众佛陀像令世界为之惊叹。

可惜探访青州的龙兴寺时，正遇上庙宇依旧制整修，好在当地寺庙颇多，于是改道去了南郊的广福寺。路上还在为错过北魏的背屏式佛三尊可惜，不想一眼就被当今室内最大的石雕造像——普贤菩萨像惊艳到，当得知它的作者即为当地有名的石雕石刻传承人孙鼎万老师后，决定前往拜访。

路上一直在猜想能造如此巨型佛像的工匠人该是何种模样，只没想到孙老师的日常生活是十分雅致且诗意的。位于乡间田野的一处农家小院被辟为工作室，白墙黛瓦的建筑风格让人误以为一不小心步入了皖南水乡，继续往里走，会看到小院中有翠竹，有紫藤，还有一方小小的池塘。而进了待客厅，眼前又是另外一番光景：不大的房间左右两侧各立了一个木质书架，上面的各类书册摆得满满当当，墙上挂的一幅幅书法作品，书架一旁搁着的一把古琴，再有“咕噜咕噜”的茶水中氤氲而出的满室茶香，完全就是古往今来读书人的意韵生活。

而喝过茶水走进隔壁的工作室，立刻又惊叹于他的石雕创作，只见各式各样的佛像错落分布，既可见曹衣出水的稠叠重褶，又可见吴带当风的衣袂飘飞。既有清健瘦骨的鲜卑风格，又有圆浑方

|简介|

孙鼎万 山东青州人，1967年生，世居尧王山右，自号尧王山人，2005年曾被青州博物馆“龙兴寺石刻造像艺术品厂”聘为艺术厂长，2007年被核实评定为“潍坊市首届非物质文化遗产传承人”，代表作品有《千手观音》《佛手》等。

i

孙鼎万工作室
地址：青州市陈家车马村
电话：13792659017

颐的特色，镌刻细腻，刀法娴熟，可谓融汇南北风格，而又自成一体，独创石刻一脉之师。但其中最令人感动的，莫过于一众石雕中孙老师为母亲作的像，千凿万击之工，细细摹来，每凿每刻都是沉甸甸的拳拳赤子心意啊。

观石雕石刻造像，可到青州一访，当地从摩崖造像到题记碑刻应有尽有，包你对石刻造型再添一番新的见地。而要细究石雕石刻艺术，不妨寻了“曲直园”来与孙鼎万老师道一道，在悠悠茶香中听匠师讲述慈悲菩萨的平静法喜之心、普度众生之善，于一代匠师的独运慧思中体悟为人的是非曲直之理、做事的注力倾心之功。

绣出一个锦绣山河

裁一寸锦缎，缝几许韶华，纤素手绕了五彩线细密如三月杏花雨，红锦鲤隐了春江水缥缈似红尘千帐灯。前年春晚，李宇春的一曲《蜀绣》，曾让古老的刺绣技艺一时间火遍大江南北。若要细细道来，南方的四大名绣自然各有千秋，而北方，古潍县的绣艺可称一绝。

潍县的刺绣虽最早可追溯至春秋战国的齐鲁织绣，但真正盛极一时，却要到清光绪年间，当时潍县女眷在本地绣的基础上吸收了南方的技艺，逐渐形成了刺绣图案简练生动、色彩鲜明热烈、绣工精致细腻的特色，一时间民间刺绣兴起，素有“九千绣花女”之称。

之后到了民国时期，绣制品又发展出礼服、霞帔、裙衣、轿衣等式样，凭精美

的绣工被广为传播，到了新中国成立之后，刺绣厂广建，民间手工绣艺也得以传承，此外，当地刺绣艺人还设计了许多潍绣欣赏品、旅游纪念品和工艺品，其中既有花鸟、山水、虫鱼，又有名人墨迹、名胜景观、仿古铜器等，绣品每每获奖，为潍绣增添风采。

而将潍县绣艺表现得最为淋漓尽致的，当属潍坊工艺美术刺绣大师——丁培玲老师。

丁老师自幼学习传统刺绣，曾承师于郝桂君和田翔千夫妇等老一辈刺绣名家，凭借自身的禀赋和多年的刻苦修习，将潍绣的各种针法、技法练融会贯通后又独成一家风格，早在 20 世纪 60 年代就参与绣制了《蓬莱日出》《松鹤延年》等潍绣名品，历年来为潍绣的传承发展做出了应有的贡献。

丁老师非但刺绣作品栩栩生动如同实物、色彩鲜明绚丽，其麻布绒绣的绣艺也已达到炉火纯青的境界。绒绣中的山水布景虚实分明、色彩浓淡过渡有致，尤显国

简介

丁培玲　女，1949年出生，潍坊市人，潍坊民间刺绣技艺传承人。其绣品针法多样，刺绣有《金鸡报春》《蓬莱日出》《松鹤延年》等代表作，绒绣有《长城秋色赋》《金鸡报春》等作品，因杰出的绣工和对潍绣做的贡献，2005年被授予“潍坊工艺美术大师”称号，2007年被命名为“中国民间文化杰出传承人”“山东省民间文化杰出传承人”“潍坊市民间文化杰出传承人”。

画的悠远意境，而摹的油画作品则色彩搭配浓郁、光线层次分明，画中人物更是形神兼备，独显浪漫而多元的人文主义情怀。其代表绒绣《桂林山水》真实再现了李可染大师笔墨酣畅的水彩风采，不愧为中西结合的艺术奇葩。

如今的丁老师虽年已逾 70，身子骨一如年轻时健朗，而且耳聪目明，常常得了思路飞针走线一绣就是大半天的时间。常在想丁老师如今爽朗、豁达的性情必然和刺绣有关吧，即便偶有了忧虑，挑针穿线间心早静了下来，觉得生活乏味了，慧思一转，布帛上早已勾勒出万千繁华的锦绣河山。

古有诗词形容绣女，道“娉婷闺中女，巧手绣鸳鸯”，却鲜少有章卷形容绣师，若有，也应该刚好是丁培玲老师的模样吧，眉眼间依旧可见年少的容色清丽，添了年岁更添了娴雅的气质和通透的品行，有出神入化的绣艺更有传承刺绣的责任感，一如千百年来传承下来的锦绣，色彩明艳不乏厚重的底蕴，技艺练达更添瑰丽的本心。

悠久的青州农民画

接触到青州农民画，早在几年之前。

当时和父亲整理书房，在书橱最底下的小柜子里找到这样一幅装裱得极好的画，展开，画里有亭台，有曲水，更有郁郁葱葱的林木和林旁道路上熙熙攘攘的人群，不似丹青的泼墨意趣，也不似油彩的鲜艳浓烈，勾勒恰如传统工笔规整，着色又如西式油画般明丽生动，与家里收藏的其他几幅作品相比，风格太过独树一帜，于是和父亲取了出来放到书桌上细细地看。

我自然是没有见过的，奇怪的是父亲竟也没有见过。于是仔细观察，见它既不同于中国的传统画又不同于西式画，笔法工整，着色又极为大胆，且画上无处不洋溢着浓郁的烟火热闹气，倒和民俗画有几分相似。说到这里，父亲一拍大腿终于想了起来，这幅画原来竟是爷爷 20 世纪 80 年代初北上山东时从当地带回来的，或是朋友所赠或是买回的当地特色纪念品而今已不可

知，只是书橱底下的小柜子常年不曾放置过书目，角落也不好整理，久而久之，倒也忘了。

父亲这样一想，这幅画有了地域归属终于也好确定画种了，于是本着好奇心，我开始去网上查阅资料。无奈山东民俗画太多，刚开始还是费了一番周折的，当翻阅到潍坊的民俗画资料，才终于恍然大悟，原来是青州农民画啊。

不过当时确定了画种也就把这幅画重新搁起来了，不曾有过深入研究，更不曾想过几年之后会与青州农民画有更多的机缘。

直到毕业之后，我开始从事潍坊非物质文化遗产的收集和研究的工作。心里一直念着爷爷当年北上的经历，于是借工作之便，我也收拾了行囊，踏上他当年到达的目的地——青州。眼里，它是古色古香雕梁画柱的老城，书上，它是华夏文明兴起之初的东方第一州，文化底蕴深厚，民间艺术繁盛。而我家中收藏的青州农民画，本以为它会兴起于北宋民俗兴盛之期，没想到远投更为久远，早起到龙山文化时期和宽袍广袖的汉初。

青州的绘画艺术方面自来人才辈出。农民画在历史的传承中吸收百家技艺之长，同时取材于火热的生活，以造型质朴生动、色彩鲜明亮丽、构图饱满、深具生活性为突出特色。同时它的形式不仅存在于画纸上，从劳作农具、鞋帽彩绣、桌椅雕刻到门楼、影壁装饰、壁画陶俑、造像彩绘处处可见它的影子。

同时，它的发展也几经起伏，历经汉初之兴，南北朝的兴盛，新中国之蓬勃，却在20世纪80年代初陷入低潮，此时，我才终于明白了一些爷爷当时带回这幅画的心情，其中必不乏对民俗传承的担忧吧。

好在新时代青州农民画被重新发掘、整理，又形成了新的创作高潮，而今又璀璨夺目焕发出无限生机，总算不负所望，青州农民画的悠悠传承之路又延续了下去。

中国青州农民画院

中国青州农民画画院总占地面积2.7公顷，建筑面积22574平方米，由农民画交易市场、农民画展览中心、民间收藏博物馆和老年大学等部分组成。

地址：青州市偶园街549号

逛不完的展，看不完的会。

sì
肆
来这座城，别眼花，也别脚乱。
海子说，活在这珍贵的人间。
你道风筝飞舞，
他言花海烂漫……
这是微缩版的潍坊，
千般美好，万种风情，
一声赞叹，
好一座人间美城府！

春光明媚，蔬菜园里开大会

北 极
ARCTIC

Tips

中国（寿光）国际蔬菜科技博览会

中国（寿光）国际蔬菜科技博览会是国内唯一的国际性蔬菜产业品牌展会，每年4月20日—5月20日在中国蔬菜之乡寿光市举行。自2000年举办至今，每年有来自世界和全国各地的农资及农产品产销商6000余家参会参展，推广新技术，寻求商贸合作。蔬菜博览会以丰硕的经贸成果、独特的展览模式和丰富的文化内涵，吸引无数人前来参观。

门票：41元

地址：寿光市顺风路国际会展中心

多幸运，生在蔬菜之乡。儿时父母忙于劳作，大多数农村孩子都属于“放养”状态，最好的童趣就是四处觅食，瓜果蔬菜不知遭了多少“毒手”。至今思乡，想起的都是故乡的一蔬一菜。

我从记事起就有位偶像，他就是我的老乡——贾思勰，虽然从北魏到现在，我俩差的年代有些远，但不妨碍我追捧膜拜。他曾做过太守，不过我想他应该是位跟我一样热爱田园的人，喜欢自然，整天琢磨怎么让花花草草、蔬菜林木、鱼儿虾儿茁壮成长。后来，他还不小心写了本《齐民要术》，

这书至今被后代人奉为农业百科全书。受他的影响，我那时候老做梦，梦见棚里的蔬菜都成了精：丝瓜蜿蜒上了天，西红柿变成了参天大树，南瓜像房子那么大……

没想到有一天，儿时的荒诞梦境还能亲眼所见。离乡后，家乡的蔬菜发展也有了翻天覆地的变化，新品种、新产品、新技术，不断得到引进推广，蔬菜销往世界各地。老家成为当之无愧的蔬菜之乡。所以，才有了一年一度的蔬菜盛会——中国（寿光）国际蔬菜科技博览会，每年的四五月，草长莺飞，雨水充沛，以萝卜、青菜为首的蔬菜界代表们都来参会了。

那天，拉着家里的一家老小来到菜博会。15 万平方米的园区，分成 7 个展厅，1000 多个展位，1000 多个品种，我们仿若刘姥姥进了大观园，目不暇接，走也走不完。可能看客对于高效、设施、有机、生态和观光农业、无土栽培这些冷冰冰的词还似懂非懂，“天上挂的那是葫芦吗？”“那西瓜怎么有拇指大？”“还有方形的呢！”“这棵西红柿成精了，结了一万多颗……”旁边不时传来一阵惊呼，大家不断感叹现代农业技术的高超。最受瞩目的历来是八号馆，蔬菜、粮食造就的西游师徒过火焰山、丝绸之路、埃及法老、桃园三结义、布达拉宫等大型蔬菜景观栩栩如生，使八号馆成为最受欢迎的拍照地。

从菜博会归来，回味良久。寿光蔬菜，从当初的朝廷贡品，到如今走到全世界千家万户的餐桌上，怎能不让我为家乡自豪？

珠光宝气，来！

在遥远的1800万年前，昌乐这片土地遍地流淌着灼热的岩浆，当你置身昌乐境内的山前，眼前的山脉或许正是当年汹涌喷发的火山。这片热土的沧海桑田之感瞬间产生。更令人称奇的是，在这1800万年漫长的光阴之中，这群古老的火山不动声色地留下了一笔纯天然的宝贵财富……

真的很难想象，这里竟然发生过火山喷发事件。火山喷发是由地壳运动引起的，剧烈的地壳运动产生了巨大的压力，将高温岩浆推向地表。在这种极端高温高压的环境下，岩浆的结构会发生一系列的变化，最终在冷却凝固后形成一样十分珍贵的东西——宝石。在昌乐古火山遗址，山体断面壮观的柱状火山岩，向世人描述着这片土地过往的经历。

Tips

中国（昌乐）国际宝石博览会

中国（昌乐）国际宝石博览会（以下简称宝博会）是由商务部批准，商务部流促中心、中宝协、山东省潍坊市人民政府主办，山东省宝协和昌乐县人民政府承办的大型国际珠宝交易博览会。自2013年开办至今，宝博会吸引了来自全国及世界各地上千家珠宝企业的参与，取得了良好的经济效益和社会效益。

千万年前，灼热的岩浆被挤压，从火山口喷薄而出，在运动中冷却凝固，瑰丽奇异的蓝宝石就这样悄悄地诞生了。庞贝古城的火山爆发，展示了一个巨大的天然灾难，毁灭了一座城。而昌乐这座火山脚下的城市，却因火山而多了一个美丽的名字——宝石之城，又因为蓝宝石数量庞大，而被称为“中国蓝宝石之都”。

大自然的鬼斧神工，就像与我们开着一个又一个玩笑，也创造着无数的奇迹。蓝宝石在形成过程中，被她无形的巧手精雕细琢，产生了许多美丽的巧合，带有数字“7”和“1”的蓝宝石对石，天然

的双色蓝宝石，传奇的星光蓝宝石……在光的照射下，有的宝石表面反射出六角星形的光芒，无论从哪个角度观察，六角星的中心都会映入眼帘，十分奇妙……

昌乐是一个被大自然厚爱的地方，近些年昌乐从单纯的蓝宝石产地，变身成为综合性的大型珠宝产业集群地，吸引了全世界多个国家和地区的知名珠宝商前来合作。昌乐仅仅是潍坊的一座县城，但幸运的昌乐人靠着一块块蓝色宝石勤劳致富。

这里就是昌乐，珠光宝气，来！

花海月下，我等你来

九月，花开青州。以心为笔，在繁瑛如织锦的花博会，轻描淡写流年与花海的故事。

心醉花海，春色入怀。芬芳花朵渐次开放，红的似火，白的似玉，粉的似霞，黄的似金，好像在比谁最美，谁是花中之王。微风吹过，市花“仙客来”像美丽的少女在翩翩起舞，用美丽的舞姿迎接八方来客。

此刻我心醉花海，抬眼望去，满树的各色花儿汇成了花的海洋，不禁自语道：“锦绣满园春光美，百般红紫斗芳菲。”

一袭身影，就是一个故事。当花开再度成海，当月光再度倾城，我把自己遗忘在花的海洋之中，把一寸一寸的相思刻进了心里。风轻轻地吹起，云悄悄地散去，我把整个花海拥抱，把九月的风景拥抱成过往的美丽，在九月漫天的姹紫嫣红里，细细聆听着那些花开的声音。

此时，没有孤独寂寥的困惑，只有雨后彩虹般的清晰，然而我就这么把自己弄丢了，迷失在一片汪洋花海之中。我在潜意识里已经淡出了红尘世界，因为铺天盖地滚滚涌来的芳菲春色已经挤满了我的心扉，我迷失在这一片花红柳绿之中。静静地看着这些美丽

的花儿，在每一年这个特殊的日子里，把花儿的娇艳绽放，编织进七彩的梦中，温柔了岁月，也芬芳了年华。花为蝶开，蝶为花舞，风随云逐，我就这样漫步在这温柔的花海里。花儿总是善解人意，用那独特的柔情满怀，驱走我心头的荒凉，用那甜美的花香四溢，驱走我寂寞的情愫。

就这样在整片花海里想起你，都说爱是两个人的花开，我真真实实地感觉，遇见你，就像轻捻一缕花香，把你轻轻地种在心上，在每一个有风的日子里，听风细语，感受你的美好，思念相守的日子。

九月的花海里，你的名字如花瓣在我的唇间飘起，因为你，我忽略了所有的记忆，只想摘一朵带雨花瓣，沏一碗午后清茶，静等夕阳西下。我愿用一生，写一纸暖心情话，直到苍颜白发。

如今，花儿已开满了我整个世界，那个踏香而来的身影，可会是你？

Tips

中国（青州）花卉博览交易会

中国（青州）花卉博览交易会每年9月定期在青州举办，首届花博会召开于2001年，至今已成功举办15届，是国内外极具影响力的花卉品牌展会。花博会集中展示花卉新产品、新技术、新成果，交易品类众多，从盆花、鲜切花、切叶、艺术插花等各类花卉，到观叶植物、盆景、种子、种苗、花肥以及园林机械等。

时间：每年9月
门票：免费
地址：青州北方花木交易中心

海洋敬畏，岁月深处有繁华

潍坊见证了世界盐业的源起和发展，而固堤场则见证了历史上潍坊盐业的辉煌。固堤场所谓何物？它在元朝时期是潍坊沿海地区设置的一个大型盐场和盐业管理机构，其负责人官职为七品。据《固堤场创建鼓楼记》记载，固堤场创自至元己卯年（1279 年），主要负责管理潍北海盐事务，时称北海盐务。固堤场设置后，潍坊沿海地区盐业经济和文化一度繁荣兴盛，先后建设了报恩寺、火神庙、关帝庙、鼓楼等名胜建筑。

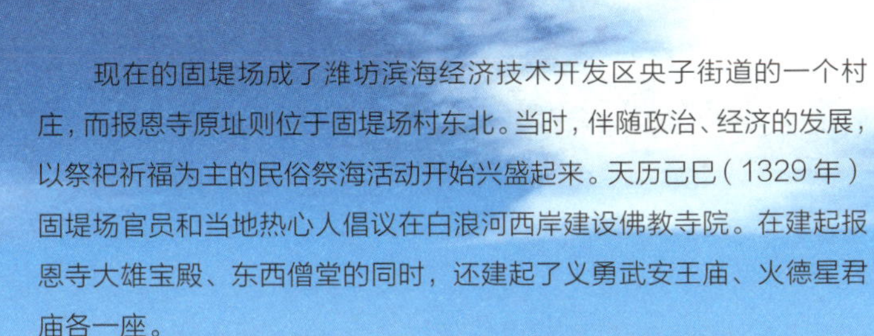

现在的固堤场成了潍坊滨海经济技术开发区央子街道的一个村庄，而报恩寺原址则位于固堤场村东北。当时，伴随政治、经济的发展，以祭祀祈福为主的民俗祭海活动开始兴盛起来。天历己巳（1329 年）固堤场官员和当地热心人倡议在白浪河西岸建设佛教寺院。在建起报恩寺大雄宝殿、东西僧堂的同时，还建起了义勇武安王庙、火德星君庙各一座。

至顺元年（1330 年），周希哲担任固堤场司令后，为方便盐民生活，强化治安，开始在固堤场村西北角谋创鼓楼。鼓楼于至顺三年三月开工工建设，六月落成。规模宏大的寺院和鼓楼的背后，是强大的经济支撑和浓郁的民风信仰。这无疑预示着潍坊当年海盐经济的兴旺发达，也记录着先民对海洋的敬畏。

现在，千年古刹报恩寺和鼓楼已经在历史岁月中消失无踪。但是，滨海居民的淳朴信仰和感恩大海的情怀依旧没变。如今，每年农历正月十六在潍坊欢乐海举办的北海民俗祭海节，每年农历二月初二举行的潍坊北

海渔盐文化节，就是潍坊海洋祭祀文化的延续与发展。在从固堤场向北的海岸边，充满时代气息的海洋旅游更把人类尚海的情怀延伸到了生产生活中。

每年在潍坊滨海举办的“二月二龙抬头节”和“正月十六盐神节”均已被列入潍坊市非物质文化遗产重点保护项目。在长期的历史演变中，潍坊还形成了独具特色的海洋渔盐民俗。现如今，古香古色的北海渔盐文化民俗馆更是吸引着数以万计的以鱼盐业为生的沿海渔民、盐民们汇集此地祭拜祈福，把悠久的海洋元素留在了人们的衣食住行中。

Tips

潍坊北（滨）海民俗祭海节

自2015年开始，每年农历正月十六，滨海区群众都自发举行民俗祭海节，来自山东沿海各地的渔民、盐民来到潍坊滨海区组织祈福活动，拜祭海神，祈求四海平安，百业兴旺。现在，潍坊北海民俗祭海节已成为潍坊沿海地区一张靓丽的民俗文化名片。

时间：农历正月十六
地址：滨海区欢乐海岸旅游区

潍坊北海渔盐文化节

自2007年至今，每年农历二月初二，滨海区都要举行渔盐文化节，截至目前已经成功举办了10届。来自潍坊、东营和烟台等地数万名民众来到潍坊滨海区，自发组织祈福活动，拜祭龙王和盐神管仲，祈求在新的一年里国泰民安，渔盐丰产。

时间：农历二月初二
地址：滨海区北海渔盐文化民俗馆

你别生气，艺术无价

人多，技艺多，作品多，买者多，卖者多，于是，便有了这展、这会。

潍坊人是多面的：一支笔能写乾坤，能画古今；一双手能铸古铜，能作瓶内画；一块木头能刻画，能雕梦……

时常在文展会上看到买家与卖家争得面红耳赤，买家志在必得，纠结于价格高昂，卖家舍不得出手。别管核雕、内画瓶、木版年画、陶瓷品……每一件都是匠心之作，没有什么比心血更加珍贵的，所谓纸墨有价，艺术无价。脱手的一刹那，记忆仿佛又回到了当初制作手里这款作品的时月。在这文展会上我亲眼见过有卖家收着钱却流下眼泪的画面。作品就像孩子一样，若非出自真心，又何来这份不舍。所以如果在文展会上有卖家跟你说，“我不卖”，你千万不要生气，艺术无价，你懂的。

要读懂潍坊，来这里是再合适不过的了。

而与文展会一起举办的中国画节，其展览画作之丰富，囊括主题之纷繁，常引得五湖四海的书画爱好者不远万里来此集会。要论画界名作，这里常有齐白石、张大千、傅抱石的佳作；说起绘作风格，更有素雅、绚丽、禅意等。置身其中，细细

品味，眼前尚有无边翰墨纷呈异彩，心中早已是画师们笔锋斗转之间的意蕴和想象。

所以到了中国画节，你就更不能生气了。无论是传统画作还是新奇手绘，无不凝聚了作者的心血和一腔情感，若和卖家谈得合缘呢，这画啊，你可能就能带走了，若你和卖家的想法碰撞不出火花，即便出再高的价也无济于事呢。而那些个藏家们压箱底的名作，价格再高，藏家也不愿轻易出手，你可能就只有观摩的份了。

当然了，即便心仪的画带不走，只细细品会一番，或与其他爱好者争论一二，岂不亦独具一番美意？名作毕竟是画家创意和造诣的迸发，不该为一家之藏，而应造惠万家，想必每年一度的中国画节也存了这样一份美好的愿景吧，集国内画界荟萃珍藏，聚四方画友交流碰撞，以促翰墨鸢都的百家竞芳。

Tips

潍坊文展会

潍坊文展会由中共山东省委宣传部、山东省文化厅、山东省旅游局、潍坊市人民政府主办，从2008年开始举办第一届潍坊文展会，至2016年已成功举办9届。

潍坊文展会旨在弘扬先进文化、展示特色文化、提升市民素质、推动文化发展，每届文展会设潍坊特色文化展、书画展、全国木版年画联展、民间艺术展、主题收藏展、当代艺术展、陶瓷展等各类文化艺术技艺、产品展，通过灵活多样的展览方式，集中展示各种门类的特色文化产品。

时间：每年4月
地址：潍城区鲁台会展中心

中国画节

中国画节是中国首个以“中国画”命名的大型艺术节庆活动，由中国画学会、中国美术家协会中国画艺委会、潍坊市人民政府主办，中共潍坊市委宣传部、潍坊报业集团等单位承办。其通过征集各类画作精品，以展示中青年艺术家在中国画发展方面的探索与成绩。

时间：每年4月
地址：潍城区鲁台会展中心

一座飞起来的城

风起，潍坊从此不寂寞。

各式各样、五彩斑斓的风筝竞相飞上蓝天，在空中盘旋上升，线的另一端传来大人、孩子们的嬉笑声。来自世界各地的人们涌到这里，现场一下子热闹了起来，人们的心也变得充盈起来。这是潍坊一年一度的国际风筝节。许多年来，多少孩童在这跑着跑着，褪去幼稚，长大成人；多少少男少女在这情窦初开，收获爱情；多少人在这笑看春秋变换，静静老去……

潍坊有风筝广场，风筝广场已然成为潍坊的符号，成为离家在外的游子魂牵梦萦的所在。潍坊有风筝博物馆，风筝博物馆与风筝广场“深情对望”，整个博物馆建筑造型借鉴了龙头蜈蚣风筝的特点，屋脊是一条完整的组合陶瓷巨龙，屋顶用孔雀蓝琉璃瓦铺成，大有一条蛟龙遨游长空，伏而又起，一飞冲天之势。它们是潍坊骄傲的所在，每年来自世界各地赶赴

国际风筝会的友人们，总会顺带抵达风筝广场与风筝博物馆。这漫天飞舞的风筝，有着深厚的历史文脉，多少人曾被天上飞舞的风筝感动，又被博物馆内厚重的风筝文化所震撼。

千百年来，潍坊人一直保持着放风筝、赛风筝的习俗。潍坊风筝受潍坊民间艺术泥塑、刺绣、木版年画的影响，逐渐形成了两个主要类别：一是以木版年画风格为主的杨家埠风筝，一是以潍县扎彩老艺人及喜爱绘画的文人雅士为主要制作人的老潍县风筝。

清晨，伴着旭日东升，国际风筝节的放飞已然开始，各式各样的风筝竞相妖娆，世界风筝在这里相互比美。无论是在浮烟山的放飞场，还是在潍坊滨海的浪漫沙滩，漫天的风筝，既有静若处子的厚重安宁，又有动如脱兔的轻盈灵动，两相呼应，承载了潍坊这座城的过去、现在和将来。

来吧！潍坊，一座飞起来的城！

Tips

潍坊国际风筝节

潍坊国际风筝会是我国最早冠以“国际”，并有众多海外人士参与的大型地方节会。从1984年至今，截至2016年，已成功举办33届。从2012年起，每年4月第三周的周六为潍坊国际风筝会开幕日。

风筝会期间，每年都有来自30个国家和地区的代表团参赛。节庆包括举办开幕式，放飞仪式，国际风筝比赛，国内风筝大奖赛，评选风筝十绝，参观风筝博物馆，观看杨家埠民间艺术表演，参观民俗旅游村，与农民同吃、同住、同娱乐等。

黄山归来不看山，
昌邑归来不赏木

仪态万千的树姿，斑斓如花的彩叶，精致的石径蜿蜒其间，花草环拥飘来袭人清香，水帘飞溅增添几许灵性，更有那潺潺流水钻过小桥欢歌而去……

借着中国（昌邑）北方绿化苗木博览会的东风，有机会回到家乡参加了一次特别的盛会。

一走进大门，顿觉眼前一亮，在这远离城市的地方竟有如此迷人的园林风光！这就是位于昌邑市城区东南侧的中国（昌邑）北方绿化苗木博览园（以下简称绿博园）。

苗木葱茏江北誉，万亩碧畴增秀色。迎着清爽的秋风，在绿博园苗木品种展示园中慢慢穿行，小径两侧 600 多种五彩苗木成方连片，三五群的游客在林间隐约可见，欢声笑语不时入耳。放眼望去，赏满目青翠，品醉人芬芳，浴阵阵清爽，难怪来过的人都赞叹不虚此行，大有“黄山归来不看山，昌邑归来不赏木”之感。

当大城市的人们都在深受雾霾之苦，高喊离开北上广时，这座城市已建成 20 多处千亩以上苗木基地，成为当地群众的“天然氧吧”，亦是外地游人的休闲首选。逛完绿博园，还有博陆山风景区、青山秀水旅游度假区、潍水风情湿地公园、龙乡水韵……让你在山水之间，尽情呼吸，来一场醉氧之旅。

Tips

昌邑绿博园

现为国家4A级旅游景区，占地面积2000余亩，建有苗木交易大厅、品种展示园、桩景园、民俗园、国际展馆、热带植物馆等景点。该园是昌邑苗木产业发展的核心区，也是历届“中国北方绿化苗木博览会”的举办地、主会场。绿博园将中国北方古建筑风格和古建筑艺术、国内外景观树珍品和优质苗木、花卉皆揽怀中，把潍水文化、青铜文化、丝绸文化、华侨文化和武状元文化融入其身。

地址：昌邑市围子街办宋庄社区

小时候，
乡愁是一枚小小的邮票，
我在这头，
母亲在那头。
长大后，
乡愁是一张窄窄的船票，
我在这头，
新娘在那头。
后来啊，
乡愁是一方矮矮的坟墓，
我在外头，
母亲在里头。
而现在，
乡愁是一湾浅浅的海峡，
我在这头，
大陆在那头。

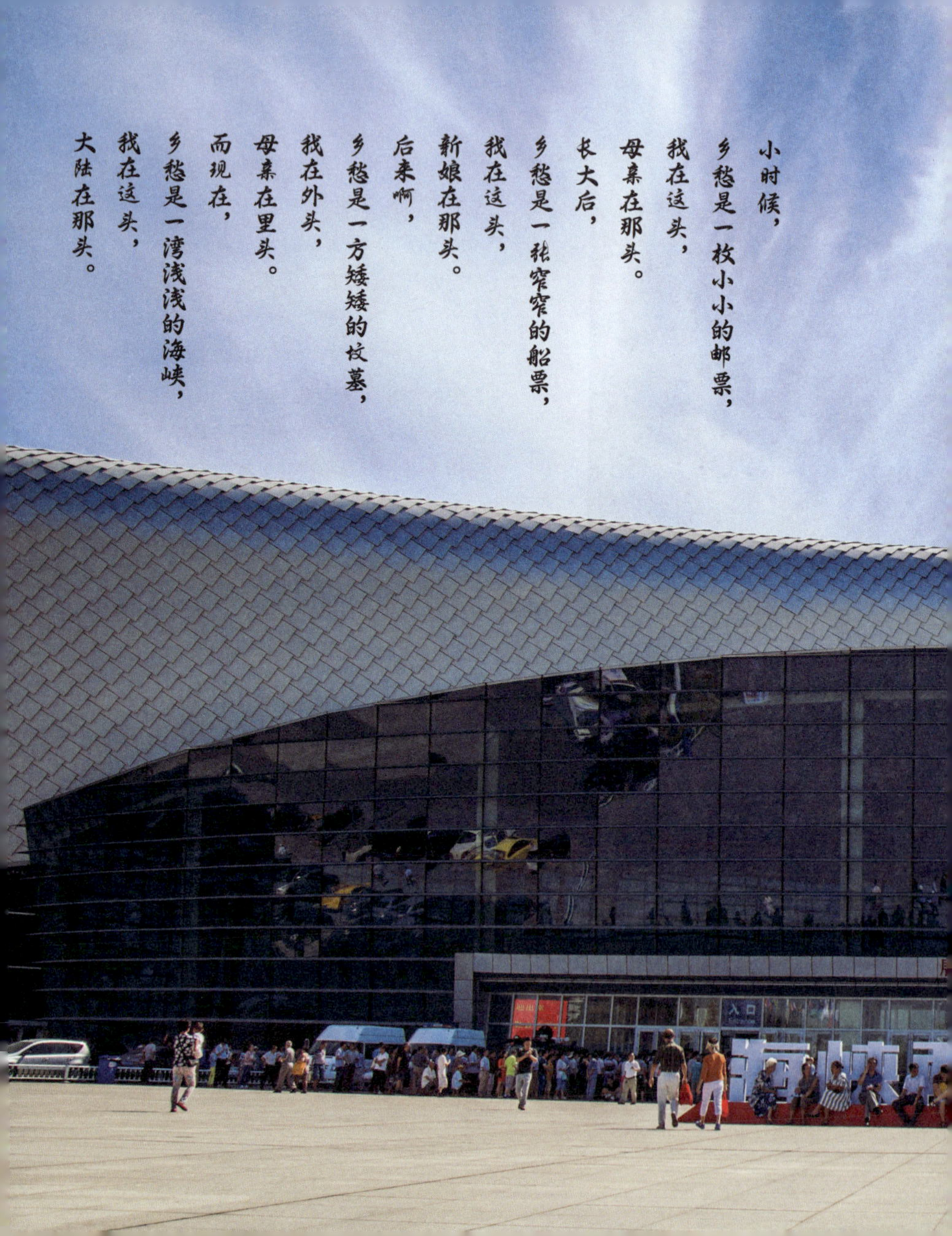

漂洋过海来相会

余光中的一首小诗，道尽了多少两岸人的心声。那淡淡的乡愁飘荡在心头，化作无尽的遐想和思念。

台湾宝岛，那里有着迷人的风土人情，更有着让人垂涎三尺的夜市小吃。士林夜市上的大肠包小肠、蚵仔煎、卤肉饭、棺材板、大鸡排……像那割不断的乡愁一样，吸引着无数人的味蕾。

台灣館
TAIWAN
楼上
也精彩

还好，现在有机会不用跨越海峡，来潍坊也可以感受正宗的台湾风情。

台湾以美景美食而闻名，可又不止于这些。每年的鲁台经贸洽谈会，都是一次超级盛会，从工业精品（如电子信息、新能源汽车及汽车零配件、智慧装备、智慧生活）、文创和工业设计、健康产业展及台湾食品四大展区，到同期举办的山东省民俗文化艺术博览会、水墨丹青话乡情一台湾艺术邀请展、海峡两岸青少年书画展、台湾风情展演、旗袍秀等，从生活到艺术，从时尚到民俗，好玩不断。

Tips

鲁台（潍坊）经贸洽谈会

鲁台（潍坊）经贸洽谈会是山东省委、省政府确定的全省性对台、对外招商活动，是山东省三大经贸活动之一。自1994年以来，每年一届，已成功举办了22届。

地址：潍城区长松路与玉清西街交叉路口东南

当然，最让人感兴趣的还是跟吃有关。还记得小时候的旺旺牛奶吗？或者是从小吃到大的统一、康师傅方便面，又或者是大润发……这些我们司空见惯的品牌在这里都能见到，还有各种百年老店及士林夜市伴手礼，操着一口地地道道台湾腔的漂亮美眉，给你软糯糯地推荐一款古方红糖，怎么舍得不买呢？

他们漂洋过海而来，仿佛带着海风的气息，带着日月潭边的乡音，带着士林夜市的热闹，带着最时新的科技资讯，带着我们久违了的热情……参观者每次都是满怀期待而来，最后满载而归，那诗里曾写下的淡淡乡愁，在此时，也会慢慢消解吧。

三个国家一台戏，我们个个是戏迷！

九月的潍坊，秋风送爽，硕果飘香。一场由三个国家导演的好戏——中日韩产业博览会如期上演，来自世界各地的好友齐聚潍坊，共同谱写着合作共赢的新篇章。

作为中国的近邻，日本、韩国产业发展优良，知名企业众多，民俗风情独特。在国际上，中、日、韩三国经贸往来不断、交流合作频繁。基于这样的发展基础，为深入推进中日韩三国经贸、文化等各领域全面合作，从 2015 年至今，中日韩产业博览会已在潍坊连续成功举办了两届。

潍坊鲁台会展中心作为博览会的主会场，场外三国国旗比肩而立，迎风飘扬，仿佛在欢迎着远道而来的客人；场馆里面客商云集，博览会搭建了中日韩增进互信、产业对接、贸易促进、信息服务和成果展示的合作平台，汇聚了一大批技术含量高、市场潜力大、行业带动能力强的企业，把三国的优势产业、前沿技术、高端产品和知名品展现给世界客商。

博览会开幕前，作为东道主，热情的潍坊人早已把城市收拾得干净整洁，用最温暖的笑容迎接着到来的每位客人。博览会上，潍坊的知名品牌也悉数亮相，诸如潍柴动力、歌尔声学、盛瑞传动、迈赫机器人、共达电声、得利斯集团……他们向来往的客商展示着公司的前沿技术、特色产品，同时学习日韩的先进经验，从而更好地引领潍坊制造业的转型升级。

博览会上，最受普通市民朋友关注的恐怕要数食品安全、健康养老和美丽产业、智能生活展区了。走进特装展区，映入眼帘的有美味食品、潮流时装、美容护肤品、智能产品和健身器材，琳琅满目的商品引得他们尽情选购，不曾想，近在咫尺，就可以淘到诸多物美价廉的宝贝！

在每年九月这个特殊的日子里，诚邀五湖四海的宾朋，相约美丽的的世界风筝都——潍坊，共聚中日韩产业博览会，共叙友情，同谋发展，精彩好戏千万别错过！

Tips

中日韩产业博览会

中日韩产业博览会由中国国际商会、日本国际贸易促进协会、韩国贸易协会和中日韩三国合作秘书处共同主办，由中国国际商会会展部、山东省贸促会和潍坊市人民政府承办。作为一个国际性盛会，中日韩产业博览会可有效聚集日韩乃至全世界优质资源和要素，对推动潍坊市国际产能合作，加速推进产业转型升级、培育现代产业体系，提升潍坊在中日韩三国及国际合作中的地位，都有十分重要的现实意义。

地址：潍城区长松路与玉清西街交叉路口东南

WŬ

伍

吃货圈里论高下。

来了这城，
怎能错过城中的美食，
当和乐面冒起腾腾的热气，
肉火烧已烙得黄灿灿，
四大凉菜早端上了桌，
不信你还挪得动脚步……

论早餐的顶级配置

去潍坊分公司出差，早上刚到办公室，靠我最近的同事就问：“今天早上吃肉火烧了吧？”

我十分诧异地问：“对啊，不过你是怎么知道的？”她却故作神秘：“闻出来的呗。”

办公室里的同事们瞬间笑作一团：“你不用理她啦，她就是瞎猜的，来了潍坊怎么能不吃肉火烧呢？”

玩笑归玩笑，不过你要到潍坊来一定要记得尝一尝肉火烧。如果早餐吃的是肉火烧，嗅觉灵敏的潍坊人真的能一鼻子就闻出来呢。

潍坊的肉火烧之所以如此火爆，当然是因为它的好吃。早上出门去上班，只见满街满巷都是大大小小的火烧铺，而且各个火烧铺的摊位前都排了长长的队伍。走进一家火烧店，见火烧炉子

正冒着腾腾的热气，店主夫妻一人制胚一人烧制，忙得不亦乐乎。**一个个肉火烧虽然要经过煎、烙、烤、烘、蒸五道程序，不过十分钟的时间，就都能出锅了，个个都黄灿灿的。**拿张油纸包起一个肉火烧轻轻地咬一口，发现酥酥脆脆的火烧皮竟是分好多层的，口中麦香的味道醇正浓郁，鼓鼓的肉火烧被咬了一个缺口，肉香又瞬间喷薄而出，一口口吃下去，明明已经觉得饱了却还想再来一个，难怪老潍坊人吃了几十年却从来都吃不够。

虽然潍坊的肉火烧最有名，不过要细细地说道说道，潍坊的火烧却有好多种。单说面火烧就有砍火烧、簸箕火烧和梭火烧，还有具有潍地特色的杠子头火烧和脂烙酥火烧。如此种类繁多，无论你偏爱怎样的口味，总能从其中找到自己的最爱。不过，虽然潍坊的火烧铺和火烧种类都不计其数，要说正宗的老字号啊，还得是“城隍庙肉火烧”。如今这家传承百年的火烧铺已经在山东境内开了多家分店，让你不必远行就可以吃到最正宗的老潍县肉火烧。

老潍县肉火烧虽然正在努力走出潍坊，但由于火烧炉子的搭建对技术要求极高，加之专业打火烧方法的研习也需要很长一段时间，种种条件限制，所以要见识正宗火烧老师傅的手艺，自然还得来潍坊，这也就有了全国各地的“吃货”们奔波远路来潍坊吃火烧的“盛况”。其实也难怪这些“吃货”们如此“小资”，在潍坊出差几日，每早一个肉火烧外加一碗咸黏粥，吃着嫩嫩的肉馅，尝着粥里的红豆和粉丝，觉得眼前这就算得上早餐的顶级配置了吧?

若你刚好路过潍坊，一定要尝一尝老潍县人民几十年来的标配早餐啊，保你起床时还是睡眼惺忪，早餐之后就瞬间已是活力满满啦。

忙碌的一上午过去，身边的同事问我:“你打算午餐吃什么呀?”

“肉火烧呗。”

“晚上喝什么呀。”

“当然是咸黏粥啦!”

吃碗和乐，和和乐乐

我不太喜欢吃面，虽然我是北方人，但是偏偏对那一碗和乐面无法释怀，说有什么特别也真的说不出来，就是爱挤在潍坊的和乐面店里，在热气腾腾里和所有人一样，“哧溜哧溜”地吃着那碗色香味俱全的面。一碗街边的小面，能做得这么漂亮，功夫也是下足了的。或许喜欢的也就是这份子精细劲儿吧。

东方和乐面算是潍坊最正宗、最有名的和乐面店了，这是出租车司机告诉我的。我特别相信出租车司机，不论去往哪个城市，我一定会找辆出租车先坐进去，然后跟司机大侃特侃。比如，我在天津听了出租车大叔的话，晚上去名流茶馆听了一夜天津相声；比如，我在南京被出租车司机的话馋到口水直流，跑到新街口吃了那家叫作“回味”的鸭血粉丝汤；再比如，我到成都，直接被一位出租车大哥带去了宽窄巷子……爱上这碗和乐面，也是拜出租车司机所赐。我反复强调了多次我不爱吃面，但那位执着的出租车师傅仍然坚持把我扔到了东方和乐面门口。普通的门脸，从外面就可以看到里面人头攒动的热闹。吃就吃呗，我入乡随俗惯了。

和乐面很有讲究。最早，正宗的和乐面不是压出来不是擀出来，而是“漏出来”的。我有幸在这面店里亲眼见到了这做和乐面的原始工具。据说，在潍坊只有这东方和乐面店还存有这个工具。面硬生生地被塞进一个柱形的圆筒里，筒底满是“漏眼儿”，筒的上方悬空着一个圆形铁饼，铁饼与一根超长的杠子相连，人从杠子的另一头压下去，铁饼砸在面上，面从“漏眼儿”里被挤下去，一条一条筋道的和乐面就这样被“漏”了出来。

接着这漏好的面被扔进鸡鸭老汤里煮熟，这些步骤对于我这样一个对美食有“颜值”要求的食客来说，还不是最重要的，最重要的是一定要好看，要精细。

一碗和乐面，最后要加上很多配料才能上桌，鸡丝、鸭丝、芫荽梗、甜蒜、肉糕子、鸡蛋皮、辣椒油……满满的一碗上桌，颜色亮丽，红、橙、黄、绿，让人食欲大开，一勺鸡鸭老汤浇上，香味四散开来，纵使再不喜欢吃面的人，也忍不住一筷子下去，“哧溜哧溜”连汤带面地满足味蕾与肚腹。

在当地，和乐面有“和和乐乐”之意。传说和乐面最初正是由一户老潍县商人家为了家庭和睦而创造出来的。本已四分五裂的家族，被家里老爷子的一碗和乐面感动，从此全家过上了“和和乐乐”的美日子……这美颜、美味、美好寓意，足以满足挑剔的食客。感谢出租车师傅，把我扔在了这样的一个面馆前，让我吃上了这碗多少听可乐都不换的美味和乐面！

东方和乐面

东方和乐因选料细、制作精、味醇正而誉满桑梓，店主家至今仍保留有一部祖传楸木和乐床子。

地址：奎文区潍州路与北宫街交叉口往南30米路东
电话：18364645956

一口顶天立地好吃的“锅”

来潍坊，若是想要先解决肚子的问题，那我推荐你去尝尝潍坊的朝天锅。如果你不知道朝天锅是什么的话，那么这首诗或许正好可以解答你的疑惑：

“逢二排七大集间，白浪河畔人如山。寒流雪翻火正红，下水香锅面朝天。”

有火炉，有大锅，还“面朝天”，难道是火锅？或者是面条？这样想你可就大错特错喽！其实，潍坊朝天锅是一道中式快餐，从清朝乾隆年间就开始流行了，和火锅啊面条啊什么的八竿子打不着。要知道，乾隆爷当朝的时候就吃上这快餐了，潍县人果然讲究。原始正宗的朝天锅主料是猪下水，也就是猪的五脏六腑。清晨架锅开煮，下水煮至熟烂后，再用单层薄饼卷起食用。时至今日，朝天锅的名号早已十分响亮了，但潍坊老人们还是习惯叫它的乳名——“杂碎锅子”。

朝天锅的出现，乃是应运而生，是老潍县商业高度发达的产物。当我有一天极度认真地和朋友说起这个问题的时候，他

一脸不屑地对我说：“吃了半辈子了，不就是一杂碎锅子吗，怎么和商业发达联系起来了？”哪有那么简单？凡只要是与吃有关的事，到了潍坊就不会那么简单。一顿饭的深意，除了食物的口味以外，更能给予满足的是它的历史与故事。

关于朝天锅的起源，潍坊流传着这样一个故事，铭记着那样一个人。这个人就是时任潍县县令的郑板桥。潍坊自古就是繁华的商业大都市，每到逢二排七的日子，白浪河两岸大集开市，前来赶集的人熙熙攘攘，多得数不胜数。彼时尚不如今天，道路两旁并没有小商小贩叫卖小吃，吃饭就成了难题，许多人顶着寒冬饿着肚子赶大集。郑板桥体恤百姓，微服私访时看到这种景象，顿感民间疾苦，便下令全县卖肉的商户一律搬到大集上，就地垒炉子烧火，火上坐锅，取猪下水放入锅中，边煮边卖。由于“杂碎锅子”制作时是不盖锅盖的，且都在室外，大锅的锅口正朝着天，

“朝天锅”这一形象的名号便由此而来。食客来了围炉而坐，把煮熟切好的猪肝、猪肠、猪肺、猪心、猪肚等猪下水用大饼一卷，再用木勺舀上一碗锅中热汤，有吃有喝，既方便又快捷。尤其是在冬天，锅内的沸汤带着肉香翻腾而上，再四散飘开，引得前来果腹的食客络绎不绝。“杂碎锅子”的出现，解决了赶集的人们吃不上热饭的难题，又因其营养丰富、价格亲民、味道鲜美且节省时间，而迅速在白浪河畔乃至整个潍县风靡起来。与此同时，郑板桥做官体察民情、为民着想的事迹也传为一段佳话，一直传到了今天。

随着时代的进步，朝天锅的制作工艺也在不断改良，从猪杂的清洗到高汤的熬制，都有一套成熟的体系。时至今日，朝天锅不仅从室外搬到了室内，爱创造的潍坊人还把“杂碎锅子”这一老土的大众快餐摇身变为朝天宴，登上了潍坊传统美食的大雅之堂。

Tips

韩邦朝天锅

韩邦朝天锅有“潍坊第一锅”的美誉，韩中良继承父亲韩重喜的衣钵经营朝天锅20多年，主张将传统朝天锅与时代发展相结合。既想吃到潍坊正宗朝天锅，又想吃到情调的“吃货”们，首选这里准没错了！

地址：潍坊市奎文区文化路2216号
（文化路与民生街交叉口南200米路东）

电话：0536-8252036

芝泮烧肉，乾隆也来点过赞

年关将至，像往常一样，芝泮村的大街小巷，四处都飘着烧肉的醇香。一提到景芝镇，人们首先想到的应该是景芝的美酒，而这个隶属景芝镇的村子，不以美酒闻名，却在下酒的佳肴上做足了功夫。

芝泮烧肉起源于明朝，距今已经有 600 多年的历史了。起初只是坊间流行的一道平民美食，18 世纪中期传入宫廷，成为皇家御膳之佳品。芝泮烧肉的成功"上位"，离不开两个人——乾隆皇帝和他的大学士刘墉。

当年，乾隆皇帝下江南微服私访，携当朝大学士刘墉同往。出发前刘墉禀奏皇上，希望中途游览自己家乡的名胜古迹，乾隆二话没说，准了刘墉的奏。当一行人到达安丘时，天色已经将近傍晚，于是决定在当地一家客栈留宿。晚饭前，乾隆皇帝与刘墉正喝茶聊天，忽然一阵清香扑鼻而来。乾隆问什么东西能有如此之香气，让人好奇至极啊。刘墉便向皇帝解释，此乃当地名吃芝泮烧肉之芳香。烧肉制作时需要经过熏烤，香气便由此而来。晚饭用膳时，刘墉特地为乾隆点了一盘芝

泮烧肉，乾隆食用后龙颜大悦，立马叫人备好笔墨纸砚，书“芝盘留香”（乾隆将“芝泮”误以为“芝盘”）四个大字，以表对芝泮烧肉的赞美。此外，乾隆还安排刘墉记下芝泮烧肉的制作工艺，带回宫中交予御膳房学习制作。从那以后，芝泮烧肉就成了宫廷御膳必备的佳品。

历经百年，今天芝泮烧肉的制作工艺仍然保留着原始的痕迹。由于烧肉的原材料是猪头、猪肠、猪肚、猪心、猪肝、猪蹄等，所以在制作过程中对于食材安全就格外地讲究。不仅要对表皮的毛发和皮脂进行清理，口腔、内脏的黏膜等也都要清洗得非常干净。经过冲、泡、搓、揉、洗等步骤之后，才可下锅。炖肉时所用的汤须为大骨汤，外加20多味中药材入味提鲜，锅盖上必要时还要加一石砖压住，以使肉更加软烂。肉出锅以后，还要经过一个重要的工序，就是用白糖受热产生的烟气来熏烤，使肉质增加特殊的口味，这也是芝泮烧肉口味独特的妙处所在。

在芝泮村，几乎家家会做烧肉，人人爱吃烧肉。它不仅是一种美食，更是中国传统文化和习俗。喝景芝烧酒吃芝泮烧肉，再配上几道景芝小炒，实在是一种不错的生活享受。

潍县四大凉菜之说

潍县菜历史悠久，百菜百味，人人喜爱。尤其是凉菜制作方法，多被世人喜欢称道，最著名的就是四大凉菜：拌辣皮、麻汁杂拌、炝芹菜、芥末鸡。据说这四大凉菜还与晚清重臣李鸿章有关系。

同治年间，潍县明朝户部尚书、漕运总督、太子少保郭尚友的后人，署理山西巡抚郭梦龄的三子郭简之，时任兵部候补郎中、武选司兼车驾司行走，议叙四品职衔。因李鸿章曾负责调兵筹饷等与之相熟，在李鸿章与刘铭传于潍县镇压捻军时，郭简之与其四弟郭绥之都给李鸿章提供了极大的便利。

其时李鸿章得知郭简之长子郭恩垕尚未婚配，有意将女儿许配给他，与郭家结为儿女亲家。得知此意后郭简之修书告知家中，说李鸿章不日要派师爷去潍县郭家相亲，因李氏为封疆大吏朝廷重臣，便告诫这门亲事不能有任何差池，要极为重视，一定接待好师爷。

如何接待，这难坏了家厨，他便向邻居两广总督张兆栋的家厨请教，两家家厨商定李鸿章的师爷见多识广，地位显赫，随李鸿章南北为官征战，吃遍天下，便拟订在潍县菜上拿出水平来，镇住李家师爷促成婚事。四大凉菜由此诞生。其中，潍县“拌辣皮”寓意“锦上添花”：绿色黄瓜段、黄色鸡蛋皮、红色西红柿、酱色肉丝、金色海米、白色竹笋丝、黑色木耳丝、透明粉皮等，配以调料汁拌为一菜，真是天作之合，锦上添花。黄色的芥末鸡寓意“皇恩浩荡”：白色如玉的酸浆白菜、白的熟鸡肉、烫熟的黄色的芥末糊、绿色的香菜梗、黑色的木耳等，经芥末糊拌匀后，均裹以黄色的芥末，果如皇恩浩荡。翠绿如玉的炝芹菜寓意“山清水秀”：芹菜的嫩芯、金钩海米、黑色的木耳点缀以姜末，简单清爽，朴实无华，不愧于山清水秀。麻汁杂拌寓意“飞黄腾达”：黄瓜片、西红柿、海参、鱼肚、鸡蛋糕、丸子、熟肉、腐竹、粉皮、香菜等，在浓浓的芝麻酱裹挟之下，聚拢盘中，金黄色的蛋黄糕格外醒目，鹤立鸡群般展示在众食材之上，说是飞黄腾达，此言不虚。

待郭家准备好后，师爷如期而至，考察完郭宅，品尝了招待的潍县菜品后，对潍县的这四款凉菜赞不绝口，甚是满意。回去后在李鸿章面前说郭家多么好，潍县文化底蕴如何深。李鸿章当场就拍板，把女儿许配给郭恩垕，与郭简之成了亲家。后来他把郭家的家厨招到天津传授潍县凉菜之法，潍县凉菜借此传入京津一带。自此潍县凉菜扬名天下，成为鲁菜中的明珠。

可惜的是李鸿章女儿生于道光三十年（1850 年），卒于同治八年（1869 年），只活了 19 年，也没有留下一男半女。著名作家张爱玲的奶奶为李鸿章大女儿，小名李菊藕，这郭夫人李氏就是她的亲妹妹呢。

一只上过战场的炉包

汉王四年（前 203 年），深秋，汉军与齐军交战已有数月，面对汉将韩信率领的精锐部队，齐军接连失利节节败退，汉军直逼齐都临淄，齐王田广被迫向东撤退，逃往高密，并企图得到楚霸王项羽的支援。

平定了齐都临淄，一心想三分天下的韩信乘胜追击，顺势向东追赶齐王田广。就在此时，项羽也已接到了齐王发来的求救信号，派出大将龙且前去营救。汉军东征势如破竹，齐国则与楚国前来救援的部队会师于高密，集结了号称 20 万大军，向西呈半攻半守之势。

11 月，北方的寒气初露锋芒，却丝毫没有为这场战斗降温。两军阵列潍河两岸，气氛焦灼。潍水一战，注定了齐王田广统治的终结，也使得汉军的长戟直指项羽。

冬季作战，不同于其他季节。北方寒冷的天气，为战斗徒增了几分艰难与惨烈，军队的伙食也成了严重的问题。据说为了节省时间，同时又能兼顾饭食的质量，韩信手下的厨师便想到一妙招。取冬天最为常见的大白菜，混合五花肉调成馅，用半饧的发面包成包子状，上油锅煎。包馅时

不捏花边，只用拇指和食指攥紧，便码入平底锅中，速度很快。包子的捏口一般朝下放，一锅码好，就浇上事先准备好的面浆。等面浆的水分熥干，锅底会结成一层硬面皮，俗称“咯渣”。酥脆的“咯渣”不仅口感好，且因此包子也不会从开口处露馅。这种讲求效率的饭食，制作时分工合作，速度极快，一口大锅能下几十个。又由于使用油煎的烹饪方法，温度更高，熟得更快，也大大地节省了时间。食用时面食与菜食并进，能够及时地为战场上的将士们补充能量和热量。厨师凭这一手艺，深得韩信的赏识。

我说过，凡只要是跟吃有关的事，到了潍坊就没那么简单了。潍水之战虽然结束了，但没人会想到，这沙场上应急的饭食，却被当时高密几个帮厨的人给传承了下来，跨越 2000 多年一直到了今天，成就了潍坊高密家喻户晓人人会做的美食——高密炉包。

清朝末年至民国时期，炉包生意空前火爆，甚至一度成为人们走亲访友之馈赠佳品。由于炉包制作的便捷性，打炉包的人通常只赶着一个手推车，载上锅子、炉子、柴火和食材，就可以沿街叫卖，随做随走。每逢大集开市，来这里赶集的人们都不忘买上几斤炉包大快朵颐，饱餐一顿。

跨越了 2000 多年的历史，今天的高密人依然使用传统工艺制作炉包，并结合现代人的饮食喜好，增加了全素炉包、韭菜肉炉包和茄子肉炉包等新品种。高密炉包不仅被各大酒店制作成特点面食推广。其制作工艺还跻身于非物质文化遗产的大家庭，成为雅俗共赏的中华美食。

诸城烧烤，我保准你吃了舍不得走

说起美食，潍坊有句老话，“要吃好饭，诸安二县”，这“诸”即诸城，而诸城的美食最有特色的，舍烧烤其谁?

诸城烧烤，就是烧肉和烤鸡背的总称。“烤鸡背”，诸城当地人更喜欢称作“烤鸡架子”。

烧肉的原料很平常，猪头和下水，普普通通，制作过程却异常复杂。脱毛、清洗、煮，最后才是烧烤，烤、烙等各显神通。把肉码到箅子上入锅，急火把锅底烧到微红，瞅准火候，抓把红糖、小米扔至锅底，随浓烟而起加盖一闷。待燎烟香味出时开锅，白花花的肉就摇身一变，成了色泽鲜亮、棕色略黄、肥而不腻、甜香绵软、香气扑鼻、令人垂涎欲滴的烧肉了。不要说吃，就是看这个过程，就是很好的享受了。有人说，正是这最后的看家绝技，才造就了诸城烧肉的独特，也使得诸城烧肉制作工艺入了潍坊市的“非遗”名录。

鸡背就是鸡架子。据说，当年诸城的肉鸡打开了欧洲市场，很快出口量就占到了全国的一半。分割的鸡翅、鸡腿、

鸡胸等出口国外，剩下的那个东西，就是我们正在说的这个鸡架子了。那时候人们是会过日子的，废物利用般地把鸡架子加工来吃，现如今则有了更高大上的说法，“我们把鸡腿、鸡胸等食品出口到国外，留下鸡的精华部分自己享用了。”想想也确实如此，鸡架子的身价，据说还与北京客人的推崇和赞不绝口有关，北京人把潍坊鸡架子的好吃编成了一段“鸡背传奇”。

鸡架子的妙处还在于吃法。坊间传有吃鸡架子的“四项原则”：“放下架子，才能端起架子”“一定两手抓，两手都要硬”“宜粗则粗，宜细则细”“可以戴手套，不戴手套抓起来吃更有滋味”。虽然，饭店里都会备有一次性手套，供人享用鸡架子的时候使用，以防把油水沾到手上。但是我还是认为，吃鸡架子要直接下手，与美味亲密接触，也算大饱“手福”吧。这一说法是极具画面感的，别管男人还是“女汉子”，吃鸡架子的时候都要直接下手，两只手拽着鸡架子的两端，香味从手中骨肉相连的鸡架子上飘散而出。如果这样了还能不流口水，只能说你的嗅觉和味蕾太不发达了。当年苏东坡受密州文化影响，从而在此开创豪放词风，在这里吃鸡架子不豪迈一番，怎对得起东坡兄留于此的豁达、自然的民风？

不说了，口水下来了，买烧烤去！

山东景芝酒厂题句
景芝
天地同酿

爷爷的那壶景芝之酒

儿时曾有一段时光，在乡下的爷爷家生活。乡下的时光走得比城里慢，那时最喜欢颠颠儿地跑到村头小卖部帮爷爷打酒，所以就记住了那大缸里的酒叫景芝白干，家家户户都在喝。

也从那时闻惯了景芝酒的味道，藏在记忆里的依然是一股醇厚的高粱香。

这香气还得从地理位置说起。景芝镇所处地带是整个山东半岛凹进去的一块肥沃的坦荡平原，潍河、浯河、渠河三河在此并流，自古以来方圆几十里盛产红高粱。充沛的降雨使大量的腐殖质和酸性土壤不断沉积形成黄土冲积区，特别适合微生物的生长与繁衍，这既丰富了酿酒的香气成分，又成了提升酒质的天然“屏障”。

史料记载，自宋代开始，才出现了中国最早的高粱烧酒（大曲），正是景芝的“景芝白干”。虽然历史上，景芝的地理隶属关系几经变更，探究起来十分复杂，但这里当年可是家家户户都能酿酒，有“十里杏花雨，一路酒旗风”之说，自古是商贾云集，富甲一方的重镇。

1957 年，出现了让考古界为之震惊的大事——蛋壳黑陶高柄酒杯在景芝镇出土，它薄如纸，亮如漆，技艺精湛，华美绝伦，一时轰动全国。当时跟着它还一起出土了 3 件大口尖底缸，专家说这是酿酒发酵使用的一种工具。由此可证，景芝这片大地上在远古时代就开始酿酒了，至少已有 5000 余年的酒文明史。

一壶景芝酒，从流行几百年的“景芝高烧”，到被人亲切称为“老黄皮”的“景芝白干”，到如今倾力推出畅销名酒“景

Tips

齐鲁酒地

齐鲁酒地，占地约8000亩，国家4A级旅游景区。昔日青龙山，采石矿坑遍布，满目疮痍，为实现“化腐朽为神奇”的生态梦，齐鲁酒地以变废为宝、还绿于山、造福于民为规划理念，以文化体验为核心，以休闲旅游为载体，以健康养生为宗旨，建成具有民族特色的酒文化基地、风景独特的影视拍摄基地、汽车运动文化主题的体验地、养生度假的目的地，成为引领中国生态文明建设的新标杆和特色文化旅游的典范。

票价：60元

地址：安丘市新安街道青龙山

电话：0536-8025959

阳春”，不变的是那一股浓郁香气和甘洌口感。

我们那儿离着景芝镇不远。据村里老人讲，古代并没有“景芝”这一地名，是在宋仁宗景佑年间，此地数次发现灵芝，地方官向朝廷上表献瑞，故取皇帝年号首字和灵芝末字组成“景芝”这一地名，有“天降祥瑞，福佑帝位”之意。

爷爷1925年出生，90多岁的高龄，高兴了依然能来上一盅。听说如今景芝酒业，建成了以酒文化为主题的大型文化创意园区——齐鲁酒地，有时间，一定要带有景芝情结的爷爷去那里看看。

这萝卜，简直所向披靡

说起来，来潍坊读书之前，我并不是个爱吃萝卜的人。不仅平时自己不会买来吃，家里炒了萝卜丝，我也是一口不沾。就是这样一个几乎从来不吃萝卜的我，却偏偏来到了一个以萝卜盛名的城市读书。

东北人参
凤阳梨，
难及潍县
萝卜皮

大学室友里有不少当地人。在家门口上学，自是有点小小的优越感在里面。我们这一行外地人身在异乡为异客，听他们介绍潍坊的风土人情、特色特产，便成了新生们之间的日常。而我对萝卜的喜爱，也是打这儿开始的。室友从家里拿来萝卜到宿舍分享，却不料被我一脸嫌弃地拒绝了。潍坊人仿佛天生就是好客的，被我这嫌弃的样子一撩拨，他反倒更加兴致勃勃地介绍起了这潍坊萝卜。

据考潍坊种植萝卜的历史已经有 300 余年了。白浪河、虞河两条河流穿城而过，造就了这一带肥沃的土壤，萝卜就在这河的两岸扎根，被广泛种植开来。

老城的人们又将潍县萝卜称为“高脚青”，这是一种十分形象的描述。潍县萝卜外皮翠绿，内瓤青绿，又出落得纤细修长，与其他品种大有不同。一年之中，秋冬春三季都能吃到这青萝卜。刚下的萝卜吸饱了田间的水分，清脆多汁，直接食用那是极好的，而清炒、凉拌、炖汤、晾晒成萝卜干、取海盐腌成萝卜咸菜，也都是不错的选择。

在古代，潍县萝卜常常被当作贡品进献给朝廷，甚至还远销东南亚等国，十分受欢迎。

在医学上，萝卜更是大有用处，食用青萝卜有化痰、理气、助消化的功效。它既可作水果，又是食疗佳品。

说到这个份上，我再也不好意思拒绝了。室友看我动摇了心思，手起刀落，刀还没切到底，伴随着清脆的声音，一根萝卜就已经裂了开来。那动静，像极了夏天切熟透的西瓜，反倒让我垂涎欲滴，对它的味道愈加期待了。我接过萝卜，**送进嘴里咬了一口，那脆生生的口感立刻征服了我。饱满的汁水里藏着淡淡的甜味，伴着特有的香气在口腔中爆炸，天呐，这哪是我想象中的萝卜啊！**从此，我便喜欢上了萝卜，每回放假回家，都会买点萝卜礼盒带回去馈赠亲友，特产虽土，可实惠又好吃，颇得家人的喜欢。

毕业以后，我远赴他乡辗转于全国，却没有一个地方的萝卜像潍县的青萝卜一样让我解馋。不知不觉，这熟悉的味道已经成了心底最亲切的记忆，给漂泊在外的游子一份真实、温甜的抚慰。

天上甘露美 昌乐西瓜甜

天上的甘露再美，也比不过昌乐的西瓜甜。昌乐西瓜闻名遐迩，从明朝末期就有种植，昌乐可谓是历史悠久的西瓜产地。作为一个爱吃水果的人，西瓜作为“瓜中之王”，自然逃不过我挑剔的味蕾。

春末夏初，天气刚刚开始变得炎热，对于自驾游来说正好合适。驱车辗转 100 多千米到达昌乐县城，到了地方才发现，此时的瓜田里早已经热闹非凡。或许对于一般的西瓜来说，夏天才是它们的战场，但昌乐的西瓜似乎有点“早熟”，三四月份就早早地挂了果儿，这时便是采摘销售的黄金时期。

在道路的两旁，随处可见一排排种植西瓜的大棚，还有在棚里棚外忙得不亦乐乎的瓜农。此情此景，让我更加迫不及待了。好不容易随着领队到达目的地，却被采摘园的工作人员拦住了。原来，昌乐西瓜可不是随便摘的，你要先听一堂讲座，“够格”以后才能进大棚。采摘园对于西瓜的管理异常严格，以至于上市的每一个西瓜都有自己的“二代身份证”，这才有了昌乐西瓜全国闻名的品质。

关于西瓜的由来，说法不一。较为流行的观点认为，西瓜原产于非洲大陆，后通过丝绸之路传到我国西域和中原地区，自西向东而来，这也是为什么古人管这种浑圆翠绿的果实叫作“西瓜”了。在

《本草纲目》中，也有关于西瓜的记载。西瓜具有清热泻火、消肿止痛、清肺润肠、止渴除烦的功效，主治中暑、温热病、心烦口渴、小便不利等病症。还可以治疗高血压、肾炎、肝炎、胃炎、胆囊炎、黄疸、水肿、烫伤、咽喉肿痛、口舌生疮、牙痛等。西瓜全身都是宝，瓤、籽、皮、蔓、叶均是我国传统医学的重要药材，可制成汤、膏、霜、散等多种药物，治疗不同病症。我国西瓜在南北方均有种植，其中栽培面积最大的就属山东和河南两省了，而山东最主要的西瓜产地，就在昌乐。昌乐的西瓜种植历史悠久，种类繁多，从育种到栽培都十分讲究。甚至还有专门的机构来培育和试验新品种，而西瓜嫁接技术的发明和应用，也是昌乐西瓜育苗史上最浓墨重彩的一笔。

听完讲座，可以痛痛快快地做一回瓜农了，享受一下丰收的喜悦。大棚里，空气稍显闷热，但丝毫不影响我们的热情。

昌乐一行，收获的不只是满嘴的瓜甜，还有那份内心追逐已久的田园情怀。

LIÙ

陸

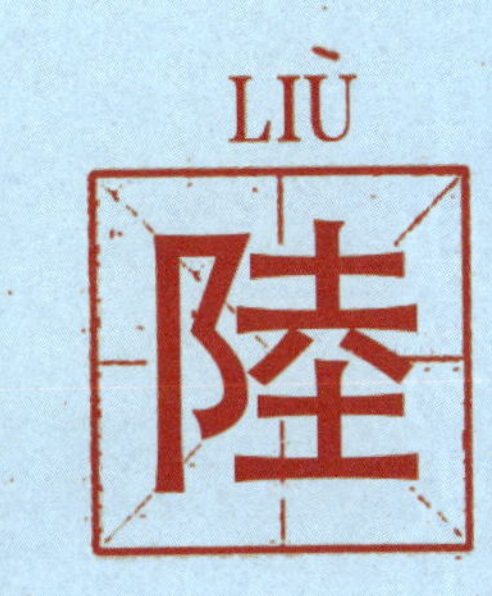

城里城外城会玩。

潍坊的好，

你来过才知道。

看不尽的山川河流，

待不够的市井街巷。

想逃离时，自有去处，

恋恋繁华，这里刚好。

让人念念不忘，

让人等待回响。

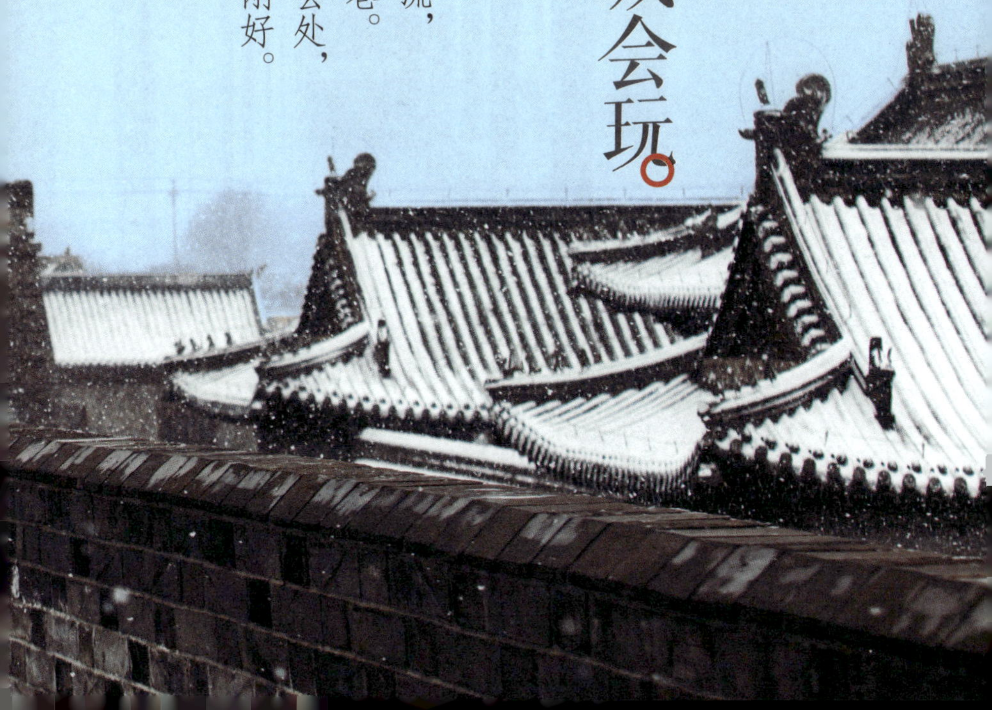

十块笏板大的园子

Tips

潍坊十笏园博物馆

地址：潍城区胡家牌坊街 49 号

门票：十笏园博物馆 30 元，关帝庙 20 元

笏板，中国古时自汉代以来大臣们上朝时手持的工具，2尺6寸长、3寸宽，其功能类似现在的记事本，以记录要事之用。

在潍坊，有一座精致小巧的园林，称作“十笏园”。十块笏板大的园林，恐怕这世间仅此一处了，纵然知道这是一种夸张的说法，但是由此这座园林的别致也可见一斑了。园林虽小，但格调雅致，风韵清新，落落大方，有“鲁东明珠”之称。

造物有主，提起十笏园就不得不说说它的主人，清代潍县首富——丁善宝。丁氏家族是姜太公之子丁公伋的后裔，明代初期迁至潍县，家底殷实，家族中又有人在朝廷当官。集天时地利人和，丁氏家族逐渐垄断了潍县的经济。相传丁家有耕地6万亩，房屋5000间，其产业遍布全国。坐拥如此庞大的财富，丁家却只愿居住于这样一处小小的园林中，其对这处园林的喜爱程度就不言而喻了。

在建园时，博采众长，广泛吸纳了南北方园林的建筑特点，将北方园林之浑厚稳重与南方园林之婉约柔美相融合，形成了十笏园独特的艺术风格。

赤兰桥畔水亭西，
亭下微风扬钓丝。
荷叶染衣花照眼，
令人错认铁公祠。

十笏园始建于明朝嘉靖年间，原是明代刑部郎中胡邦佐之故宅，后由丁善宝购入，又花重金改建而成。就如它的名字一样，十笏园突出的是一个“小”字。十笏园小而精，小而全，不仅宜赏而且宜居，称得上是我国古代园林的佳作。丁善宝在建园时，博采众长，广泛吸纳了南北方园林的建筑特点，将北方园林之浑厚稳重与南方园林之婉约柔美相融合，形成了十笏园独特的艺术风格。园中古香古色的青砖灰瓦韵味十足，高墙与窄路隔绝了城市的喧嚣，也把天空划成一线。沿着石板过道行走，仿佛时间的洪流也在此静止。康有为曾在这里居住过三天，想必也是这样在院子中独自行走，轻抚着一方方灰砖行至尽头，跨过拱门，园林的景致亦如今天这样展现在他的眼前。之后他写了《十笏园留题》，“峻岭寒松荫薜萝，芳池水石立红荷。我来桑下几三宿，毕至群贤主客多。”

十笏园虽小，却也是个聚贤宝地。时至今日，园内有郑板桥、陈介祺等名家的书画题刻，清末诗人白永修游十笏园时，留诗赞园：“赤兰桥畔水亭西，亭下微风扬钓丝。荷叶染衣花照眼，令人错认铁公祠。”

白浪传说

潍坊有条白浪河。那白浪河，原是潍坊老城的护城河，打昌乐打鼓山起源，蜿蜒流淌，穿城而过，一路向北，注入渤海。关于这条河的诞生，世人已不知追溯到何年何月，唯留下的那传说，在民间代代相传。

相传很久以前，在昌乐打鼓山南麓住着一户姓孟的人家，主人孟富贵和妻子王氏结婚多年，却一直没有孩子。夫妻二人四处烧香拜佛，希望能续下孟家的香火。一天晚上，送子娘娘托梦来到王氏跟前，怀中抱着一只小狼，说："吾奉南斗星之命，送这个孽种投你门下，给他一个悔改

Tips

白浪绿洲湿地公园

白浪绿洲湿地公园位于白浪河上游，南起白浪河水库，北至宝通街，长 6.7 千米，平均宽 1.5 千米，面积超过 10 平方千米。经过巧妙设计，这座天然的公园基本上保留了原来的自然资源，并进行了景观性修复和更改，成为一个融旅游、休闲、娱乐、餐饮、居住、生活体验为一体的民生色彩强烈的旅游综合体。

地址：潍城区机场路与宝通街路口南 200 米

的机会，望你要对他严加管教！”王氏梦中惊醒，不久就有了身孕，生下一个大胖小子，取名玉郎。次年又生一子，取名继祖。兄弟二人虽一母所生，可性格迥异，一逆一顺。老大终日不归，不学无术，吃喝嫖赌，老二则知书达理，勤俭持家。突然一天，孟富贵染病去世。继祖要把父亲葬于祖墓，玉郎执意要葬于阴沟。玉郎安排人在阴沟挖坑，忽然从地下喷出一股水柱把玉郎冲到了天上。苍穹之中传来声音：“因此孽子前世作恶多端，今生又无悔改之意，故将其压于海底，永不复生！”汹涌的泉水卷着一只白眼狼浩浩荡荡地向北流去了。

继祖抬起父亲的棺木，将他复葬于祖墓。就在挖墓坑的时候，挖出了两坛金元宝，里面有一字条，上书：善恶到头终有报，只待来早与来迟。

从此，这股泉水便滔滔不绝，川流不息，顺着沟渠流向大海。为告诫后人，众人取“白狼”二字为这条河命名，后来演

变成了现在的“白浪河”。

如今，故事还在，却已沧海桑田，白浪河的上游早已是平地起绿洲，变出一座葱翠浩瀚的绿洲湿地公园，宛若明珠璀璨。

走在其中，“亭台到处皆临水，屋宇虽多不碍山”，颇有烟水江南风范。穿过林荫道，不小心闯入芦苇荡，看那一片绿色翩翩起舞，回头又发现一池莲花静开，四周亭台楼榭掩映，凉风习习，不时惊起一滩鸥鹭。

如诗似画，碧水绿妆，这满眼的好山好水，让人沉醉，潍坊因为有了这条河而变得诗意起来，感谢这白浪河的馈赠。

7000万年前，白垩纪，诸城其实在那个时候的“龙王”圈子里，发生了许多日后会震动天下的大事，比如……

那是在一个雾雨蒙蒙的早上，笨重的甲龙，憨厚的角龙，庞大的鸭嘴龙，成群结队地在森林里悠闲地觅食，时间一分一秒地过去了，雨下得越来越大，它们完全没有察觉到，在这幽深阴暗的森林里已是危机四伏。一只饥饿已久的暴龙紧紧地盯住了它们伺机而动。突然，天空闪过一道闪电，就在这一刻暴龙动了，它的大脚踩向了甲龙，尾巴甩向了角龙，锋利的牙齿咬向了鸭嘴龙，在这生死关头，恐龙们不甘心成为这凶残霸主的腹中美食。于是，甲龙亮起了尾锤，角龙竖起了尖角和颈盾，鸭嘴龙则扬起了像鞭子一样的尾巴。暴龙流着口水瞪着猩红的眼睛扑向了它们。突然天空亮了起来，罕见的强震发生了，地动山摇，暴雨倾盆。地震引发的洪水泥石流达数十米高，滚滚而来，它们来不及留下最后一声哀鸣，便被深深地埋葬了起来。

7000 万年过去了，来到 2008 年的诸城，在第三次大规模的化石发掘过程中，人们在暴龙骨骼化石的周围，发现了大量植食性恐龙——鸭嘴龙、角龙、甲龙的骨骼化石，有些恐龙骨骼化石上，暴龙牙齿的咬痕还清晰可见，当年的残暴场景依稀可见。也正是因为有了这些恐龙化石遗迹，诸城中国暴龙馆又被称为“恐龙格斗世界”。

后来，上述传说真的成就了一个“龙王的圈子”，国际古生物史上称之为“四大龙王”——“巨大华夏龙”“巨型诸城暴龙”“诸城中国角龙”“巨大诸城甲龙”。如今，在诸城臧家庄的诸城中国暴龙馆内，多达七层的化石层叠区上的红黄绿蓝灯光区域，正是发现并命名四具世界龙王的地方。华灯环绕，“四大龙王”独领风骚，引无数游客竞折腰。

故事讲完了，只是，龙王已不在江湖，江湖依然流传着龙王的传说……

Tips

恐龙之旅－两馆、一廊、一立方
时间：9:00－17:00
通票：160元

恐龙涧化石长廊

恐龙涧化石长廊这是一条长500多米，均深30米，呈45度角的恐龙化石集群分布遗址，上面密密麻麻地分布着近万块化石，有长达近2米的股骨，也有仅数厘米的趾骨，多层分布，气势恢宏。

地址：诸城市龙都街道诸城恐龙国家地质公园内

诸城恐龙博物馆

诸城恐龙博物馆，国家4A级旅游景区。在这里可以瞻仰世界第一龙——巨大诸城龙的雄姿，抚摸寓意安康幸福的巨大龙骨，观看白垩纪虚拟环幕电影，感受来自诸城白垩纪恐龙生活世界特有的绝妙惊奇。

地址：诸城市密州西路3号恐龙公园内

诸城中国暴龙馆

诸城中国暴龙馆可带你近距离探秘诸城暴龙与群龙格斗厮杀的斗龙世界，领略震撼奇特的七层化石层叠遗址，欣赏扣人心弦的动感电影《猎杀之王巨型诸城暴龙》，解密洪荒神秘的恐龙世界。

地址：诸城市龙都街道臧家庄

诸城龙立方

诸城龙立方拥有世界唯一的恐龙化石立方体，巨大华夏龙、诸城中国角龙、巨型诸城暴龙、巨大诸城角龙等四大龙王及恐龙足迹、蛋化石珍稀标本陈列其中，还有恐龙骨架群展示及3D高清动感电影等。

地址：诸城市龙都街道诸城恐龙国家地质公园内

最美石门红叶烧天

秋天，万物凋零的季节。石门坊的黄栌却与众不同，越是秋风萧瑟，红叶越开得烂漫，充满着无限生机与力量，让整个山谷沉浸在红色海洋之中。

石门坊史称石门山，因入口处双峰耸立，对峙如门而得名。这里山势逶迤跌宕，险石如削，壁立千仞，自古便有“神州千峰比石秀，嶙峋奇石数石门”之美誉。山中又有绿水幽谷深涧，黄栌泼红嵌黛，钟磬袅袅入云。大自然的鬼斧神工和深厚的文化底蕴造就了石门坊雄、秀、奇、幽、险、灵的奇妙特点和精致的文化神韵。

石门坊如一部神奇而厚重的书卷，镌刻着 3000 多年的容颜，散发着历久弥香的芬芳。据考证，自殷商起，便有古人先贤、达官显贵、文士墨客、僧侣香客云集于此，或寄情山水，或休养生息，或诵经布道，或劈山建庙，为这里留下了丰厚的文化积淀和宝贵的精神遗存。山上逄公庙距今已有 3000 多年的历史；而现存的 70 余尊摩崖造像多为唐代天宝年间所刻，成为研究唐代佛教文化的珍贵史料；建于明宣德七年（1432 年）和明天顺五年（1461 年）的两座石塔，历经 500 余载，仍矗立山林，沐浴彩霞，成为石门坊的“点睛之笔”。自唐宋以来，山上碑碣题壁甚多。古之题字，尤以清康熙四年（1665 年）衣于帝所书“晚

照”最负盛名。今人欧阳中石、尹瘦石、李铎、臧克家等也均赐墨于此。

石门坊过去以山奇、水秀、洞险著称，今以红叶而名冠齐鲁，蜚声天下，与北京香山、南京栖霞山、苏州天平山、四川米亚罗齐名。每值深秋，万亩黄栌摇曳生姿，漫山遍野的红叶如火似霞，层林尽染，景色之璀璨，如诗且如画。其间以青松翠柏作为点缀，更添山峦之风韵。当此时，石门坊游人如织，络绎如云，穿行其间，如置身仙境，如聆听散曲，无不由衷赞叹红叶之绚烂，感悟造化之神奇。

无论是峭壁挂红摇曳的美景，还是犹如波浪翻腾的红叶云涛，石门坊那动人心魄的火红都能令人点燃心中的那份激情。

Tips

石门坊景区

地址：临朐县城西10千石门坊风区

电话：0536-3495203

眷顾来了，梯田的北方写意

在大多数人的印象里，梯田是南方的专利，
我也这样认为了很久。
直到去年的一次骑行旅行，
我的这一看法被全盘打翻。
我永远也忘不了单车进入辉渠镇的那一刻，
满山的神奇景色仿佛把我带入了
一个奇特的世外桃源……

作为一个土生土长的北方人，对于梯田的概念，还一直停留在电视、杂志里的精美图片上。但梯田美景对于我来说，却存在着一种特殊的吸引力。始终想要找一个像样的假期去看上一眼，然而始终苦于没有时间。最近的一次到南方出差，却也因行程紧张，仅在疾驰的列车上匆匆一瞥。梯田于我，便成了一个不大不小的心结。

到辉渠镇，是一个偶得的机会。

在一次骑友聚会中，有人提议把各自想去的地方讲一讲。酒过三巡我醉眼蒙眬地表示，我要去南方看梯田。对面老刘同样喝得微醺，拍拍桌子说："去什么南方？北方就有，还近得很、美得很！"老刘 50 多岁，是个画家，也是俱乐部里的元老，去过的地方多，但他对于北方梯田的说法，我多少有些不信。老刘说，这北方的梯田就在安丘辉渠镇，离潍坊市区大概 50 多千米。辉渠多丘陵，很早以前这里的人们就在山坡上开垦梯田种植作物了。只不过，在当地人眼里，为了生计而开垦梯田是一件寻常的事，那景致的美好也成了一种必然的存在。

在我的怂恿鼓动下，我们定在了聚会后不久的一个周末出发。为了能看到梯田日出的景色，大家摸黑起早，由老刘带队浩浩荡荡地去了。一入辉渠，马路渐渐变成乡间小路。天色微亮，镇上的居民就已经开始劳作了。继续向南，我们爬上了蜿蜒曲折的山路。随着高度的上升，视野也逐渐开阔。最初在山脚下看到的一块块再平常不过的田地，仿佛沾了仙气似的，忽然拔地而起，次第展开。在朝阳的映衬下，就像是打开了一张贺卡，瞬间变得错落有致、层次鲜明了。我张大了嘴，这有如天造的景色让我半晌说不出话来。梯田太美了！当地人介绍，一年四季，每个季节种植的作物不同，梯田的色调也在变化。赶上有云的天气，田间的光影瞬息万变，每一秒都有不同的景色。一日之中，尤以清晨和傍晚最美。

我站在这里，看着眼前的美景，开始搜索脑海中一切关于南方梯田的知识。眼前的梯田不同于南方的梯田，南方的梯田精致，像极了南方的姑娘，非要捯饬得漂漂亮亮才肯见人。而眼前这梯田却带着一股粗犷劲儿，在整片丘陵上延展开来，不修边幅，却也美得豪放。用老刘的话来说：如果把南方的梯田比作工笔画，那么北方的就是大写意了。虽说带着北方味道，但这梯田固有的美，可一点儿也不差。

Tips **辉渠百泉旅游区**

辉渠百泉旅游区位于安丘市西南部，属国家级3A级旅游景区。辉渠古称汇渠，自古以来便是河道纵横泉眼密集之处，水资源丰富，享有“百泉之乡”的美誉。辉渠境内多丘陵，当地农户因地制宜开发梯田，使其成为一道亮丽的风景线。2014年辉渠梯田入选中国十大美丽田园。

辉渠历史文化底蕴深厚，孔子高徒有子曾在辉渠讲经授学，孔子女婿公冶长也曾在此学习和生活过。镇内分布有齐长城遗址、有子祠、李左车纪念馆、法兴寺、翰林府邸等景点。

穿越千年，古城青州

初遇青州古街，适逢正月十五上元夜。
循着南阳河畔的幽幽小径信步向南，
脚下的石板街细细长长，历史却也追溯不至太过久远。
偶一抬头，忽见眼前满城灯色已起，
银花火树，星桥灯锁，遥遥十里远长街，
此刻尽笼在渺漫十色的灯海里，端的一幅人间繁华景。

一路行一路赏灯猜谜，终于踏上阜财古城墙，极目而眺，昂首昊穹天灯列棋布，俯瞰老城灯火已氤氲。神思一刹恍惚，想这悠悠千年古街，我是否曾来过？ 是的，我必然来过这里，或在一世前，或隔千年远，雨时必在这青石街上一步一步走过，灯会上孤坐搜吟仍猜不出一个字谜。也分明记得，记得熙攘人群中蓦然回首看到的那张昆仑奴面具，记得桃花灯下绞尽神思时身侧相伴的那抹淡影，可千年斗转，世态纷扰，到如今，你是否还记得这里？

只怪相聚太短，分别太久，记得你，却已再记不清曾在何时遇到你。若是最早或在汉时广县，你功勋卓著受封于此，率大军列列自城门而入，而我恰在出城门时巧遇你，茫茫人群中偶一擦肩，你便深深印入心扉；最痛彻心

扉不过时局动乱东汉之末，你造势而起，只未想过一朝划归曹相麾下，长鞭一挥尽南下，此后独听周公瑾名满天下，却再未有你的消息……经此一离殇，此后只不敢再凭栏南望，纵安史一乱北地动荡数十载，苏湖渐兴，繁华地悄然南移，也只固守着这座旧城。

好在老古街风吹雨淋了数百载终于迎来赵宋商贸之盛，瓦舍勾栏，商贾集聚，历经千年轮回离乱，你我终于得以在市井喧闹里贪享一时小聚之欢。可我却在明初衡王建府之时离开，彼时古城规模广建，千年文风得以绵延，我随家父赴京出仕，临行回望一眼老城，只见松涛阵阵，你着一袭宽袍广袖，彬彬列于众书生间。

今时，寄居老城数十载，绕了老街数百回，却串不起这零星的记忆。偶逢南楼一夜微雨，我煮酒磨墨，却兴味索然，终究不再有人为我提笔。阳春三月松林书院添新子，我亦随了人群近前瞧热闹，惊见一样的纶巾博带，却已不是你。

等清照祠内落满了秋叶，心也生了许多凉意，静坐亭内半晌，无心再理几般愁绪。终于等昭德老街一夜大雪，我踏着没

膝的雪径自向南，攀上老城墙，才恍然记起，对了，是在这里，最后一眼见你是在清末旗兵换防回京，我在城楼上为你送行，可大雪漫漫，无情阻了我的视线。

当年一别，两两孤鸿隔万里，好在我还能凭着记忆的碎片一路寻至这里，可是你呢？**你如今在哪里？又是否还记得前世情意？闻窗外风雪渐重，我自知你的归来一行路远，却只燃着这一豆灯色，期许着风雪之夜会遇归人。**

Tips

青州古城

青州，古九州之一，早在7000多年前已有人类在此繁衍生息，是“东夷文化”的发源地之一。这里先后存在过广县城、广固城、南阳城、东阳城、东关圩子城、旗城等6座古城池。2013年，青州被国务院评为“国家历史文化名城”。

青州古城文化旅游的范围约计10平方千米，大致包括三部分：古东阳城的北关古街区、宋城；古南阳城区域内的南阳河观光带、偶园历史文化街区、南门街区；东关圩子城的昭德古街区。

青州古城历史文化悠久，城内现存古街巷上百条，古城内景点众多，其中阜财门、魁星楼、名人牌坊、东门街、偶园、青州市博物馆、海岱都会坊等可谓不可不到。

门票：免费
开放时间：全天开放

每座城中都有一个叫作“植物”的园子

似乎每一座城市，都有一个叫“植物园”的地方，这地方可以造得很大很气派，也可以造得简单一点，但必须得有，这就像是一个惯例，潍坊也不例外。

想找到它并不难，它就在新华路和北海路之间，南临宝通东街，是个挺大的园子。它安静，静得让你忘记城市里的喧嚣；它又嘈杂，吵得你满耳朵都是虫鸣鸟叫。依九龙山而建，引白浪河之水，集山水之气，园子的灵性自然是少不了的。园子不设大门，敞开胸怀让人重返自然，没有生硬的过渡，以至于形成了一种从钢筋水泥到绿意盎然的渐变。没有突兀之感，便是这园子建造的成功之处。

阳光明媚的下午，闲庭信步，被路边触手可及的郁金香所吸引，目不转睛地循花而行，一直到深入园中被绿色所包围，才恍然大悟，颇有点“误入藕花深处”的韵味。不远处传来二胡声和歌声，循声而去，来到了名为“曦照”的廊亭。几位老人坐在廊亭下，拉开了架势，二胡的悠扬之声随风而来，“谁不说俺家乡好……”老人嘹亮的歌声在这个静谧的午后直唱进人心。一曲唱罢，台下响起一阵热烈的掌声。寻得可不就是这样一种心境？难怪每座城市都有一个植物园，郁郁葱葱的一片绿，给这座城市增添了多少清凉，又让多少人找到心灵休憩的地方。坐在这廊亭下，白发苍苍中没有迟暮的遗憾，却尽是夕阳无限好的惬意。

向园子更深处走去，琴声与歌声渐渐远去。园子重

Tips

潍坊植物园

潍坊植物园始建于2007年，总占地面积约46万平方米，由观赏树木区、水生植物区及岩石园、盆景科普园等四大景区组成。植物园以九龙山为主体，依九龙山而建，引白浪河之水，一条小河贯穿于植物园之中。园内建有风格各异的松柏园、木兰园、牡丹园、樱棠园、杏桃园、红果园、月季园、槭树园、木樨园、竹园等10个植物专类园，是集科研、科普、文化、市民休闲娱乐为一体的特色植物公园。

门票：免费

地址：奎文区北海路与宝通街交叉口西北角

归静谧，高大的乔木不仅遮挡了阳光，也为鸟儿提供了住所。河塘边提笔写字的老先生，漂亮、工整的“潍坊奇好”几个字或许正是他对这座城市最衷心的赞叹。上前与老先生攀谈，年近 80 岁的老先生，竟是潍坊著名书法家庄兆言，他坦言这座植物园几乎是每天都要来的地方，提上硕大的自制“毛笔”，以水为墨，以地为纸，随时书写着他的心情，也为来来回回的游人写下他们想要的字……

我一直认为，城市中的植物园，能准确地反映一座城市的幸福指数。老人与孩子是植物园中最常态的存在，植物园给予生命两极一个幸福的场所，孩子在这里尽情演绎生命的美好，而老人则告诉我们什么是天伦之乐。

不论在哪儿，这座取名叫“植物”的园子，总是这样充满着灵气，让人心向往之。

海浪，温泉，沙滩——嗯，这样度假很舒服

金庸创作的《天龙八部》，众所周知，书中慕容博、慕容复父子一生都在为光复大燕国而疲于奔命。历史上，慕容氏曾建立多个燕国，其中有一个南燕国，建都于潍坊境内，并在海边的乌常泽大规模发展海盐经济。潍坊滨海地区也自此有了一个叫作“乌常泽”的悠久地名。乌常泽就是今天潍坊滨海经济技术开发区大家洼区域。

东晋隆安二年（398 年），鲜卑贵族慕容德自立为燕王，史称“南燕”。隆安四年（400 年）慕容德正式称帝，建都广固（今青州西北）。他特别重视铜铁的开采冶炼和制盐业，建都广固的第二年他派官吏到商山（今临淄铁山）去开发铁矿，兴办炼铁业，又在乌常泽（今大家洼）设立盐官，管理盐务。

公元 405 年青州地震，慕容德病逝，慕容超即位。不到一年，南燕国陷入混乱局面，商山炼铁与乌常泽制盐也相继停止。

Tips

山东聚宝盆(天沐)盐温泉小镇

山东聚宝盆(天沐)盐温泉小镇以盐温泉为主要特色,是集盐温泉沐浴、商务会议、旅游度假、碱性养生食品、盐碱地研发、创客公寓、春秋盐文化工坊、春秋文化展示中心为一体的温泉休闲养生基地。

目前,温泉小镇已建成大型室内盐温泉汤池,占地10000平方米,营业面积38000平方米,包括草本养生、美容养颜、温泉鱼疗、热带雨林区等各具特色的温泉汤池近40个,可同时接待顾客1000多人,日最大接待量为2000余人。

地址: 滨海开发区央子街道香江西街以西海川路以北
电话: 0536-2095777

失去了盐铁经济支撑的南燕国开始走向衰败。南燕国在潍坊历史上可谓昙花一现,而乌常泽却成为当地历史风云里的一座丰碑。这期间,南燕国在乌常泽掀起的盐业生产热潮,使潍坊滨海成为当时的海盐重镇,更成为潍坊海洋文化的一个人文符号。

时光流转千百年,新中国成立后潍坊将海盐生意做到了极致,先后建起了山东羊口盐场、潍坊纯碱厂、山东海化集团等大型国有企业。昔日的乌常泽,今日的潍坊滨海,已成为全国最大的海洋化工基地之一。这些似乎离我们的生活稍微有点儿远,而借着这天赐的海盐优势,潍坊滨海区有了第一家盐温泉。

盐温泉沐浴在潍坊沿海地区历史悠远。相传,春秋战国时期,当时属于齐国的潍坊滨海地区是重要的渔盐重镇。因盐

而兴，这里曾有过数以万计的居民，大小村落 72 个。一日，齐桓公派管仲来到齐国海滨（今潍坊滨海区）视察盐务。海边一处煮盐窝棚旁的深坑中热气升腾，将盐舀出来擦拭皮肤，感觉神清气爽，身心疲劳顿时消失，盐温泉沐浴自此开始，并成为历代贵族喜爱的养生方式之一。

沉积千年海盐历史底蕴，融荟地域特色人文精髓。在渤海莱州湾畔的潍坊滨海东周盐业遗址群附近，有一处天然的盐温泉。这里的盐温泉水来自地下 1500 多米的第三系砂岩构造破碎带地层水源，日出水量达 2000 多立方米，水温常年保持在 57℃左右，水中富含多种对人体有益的微量元素。

天下这么大，温泉这么多，盐温泉在国内实属罕见。而在潍坊滨海这样一个历史闻名的海盐重地，温泉就只想泡这里的。如果你想在沐浴中体味盐文化，在寻根盐文化中尽享温泉舒怡，那么，请来潍坊滨海吧！

富华，满载记忆的童话城堡

小时候，
记忆是飞蹿的疯狂老鼠
我在这头，老爸在那头。
长大后，
记忆是一张门前的合影，
我在这头，小伙伴在那头。

后来啊，
记忆是旋转的摩天轮，
我在上头，城堡在下头。
而现在，
记忆是一张发黄的旧门票，
我在这头，童年在那头。

霓灯初上，北海路的蝴蝶飞上灯柱，红得好似天边的晚霞。东面的城堡里，人群热闹了起来。素有"齐鲁第一园"之美誉的富华游乐园，承载了万千潍坊人的童年记忆。

1994 年的秋天，一个小女孩独自连坐了三次“疯狂老鼠”之后，帽子终于被刮飞了。还记得，那是一个黄色的宽檐礼帽，系着红颜色的蝴蝶结。一旁等待的老爸早已笑得前仰后合。对富华游乐园最深刻的记忆就这样定格在了“疯狂老鼠”。

乘坐“疯狂老鼠”全程 1 分零 5 秒，多是两人一组前后连坐。乘坐过程中可以体会到紧张和心跳的感觉，特别是滑车滑到尽头将要滑出轨道时，突然一个急转弯，让提到嗓子眼的心又落了回去，既刺激又紧张。每当假期，胆大的小女孩都会跳上车，抛开父亲和管理员，一人连续玩上几个回合才心满意足地下来。这是属于爷俩二人的秘密。

二十余载的春秋更替，小女孩已经长大成人，一段段童年往事化成了相册里的老照片和发黄的旧门票，随时等待唤醒，会同街边会“爆炸”的爆米花，面人老师傅捏出的“孙悟空”，组成记忆中最美好又难忘的的片段。

再游富华，别有一番风味。

乘坐浪漫的摩天轮升顶可以望到满城的景色。园内的幽灵古堡在树丛中发出神秘的光；对面的市博物馆，白墙兰瓦，飞檐斗拱，具有鲜明的民族风格；人民广场上放飞着各式风筝；马路上穿梭的车流和行人，蜿蜒曲折的白浪河畔处处绿树苍翠，一切尽收眼底。

如今，各地建起了各式各样的大型游乐场，我仍愿意带上三五亲朋挚友来富华玩。因为，这是一座老城带给我的抹不去的乡味与乡情 ……

富华游乐园
地址：奎文区东风东街 6619 号
电话：0536-8880088

高密东北乡，高粱红了

高密东北乡，那是一个神秘地带，它是一个文学符号，又是一个实在地域。那片高粱地上，流传着“我爷爷”和“我奶奶”的炽烈爱情故事。在那片故土地，诞生了中国第一位诺贝尔文学奖得主。

那是莫言的故乡。

1984 年，莫言在他的小说《白狗秋千架》开篇写道：“高密东北乡原产白色温驯的大狗，绵延数代之后，很难再见一匹纯种。”

这是他第一次提到“高密东北乡”，从此，这个文学地理符号在他的书中不断出现，正如马尔克斯的马孔多镇、陈忠实的白鹿原、贾平凹的商洛一样，那是作者的精神之乡，是源源不断的灵感之地。

“东北乡”是明清、民国时的叫法，现实生活中对应高密东北的河崖乡、大栏乡一带，即现在的夏庄镇、姜庄镇的部分区域和疏港物流园区。而莫言的家，就位于夏庄镇的平安庄。

“1955 年春，我出生在高密东北乡一个偏僻的小村里。我出生的房子又矮又

破，四处漏风，根据村里古老的习俗，产妇分娩时，身下要垫上从大街上扫来的浮土，新生儿一出母腹，就落在这土上……我当然也是首先落在了那堆由父亲从大街上扫来的被千人万人踩践过、混杂着牛羊粪便和野草种子的浮土上。”莫言这样写自己的出生。

村子前头有个芦苇荡，曾经那里芦苇和鱼虾疯长。莫言给作家阿城讲过这个芦苇荡的故事。有一次回家乡，晚上进到村子，走到芦苇荡前，想卷起裤腿涉水过去。不料人一搅动，水中立起无数小红孩，连说“吵死了、吵死了”，他只好退回岸上，水里复归平静。但这水总是要过的，否则如何回家？家又近在眼前，于是再趟到水里，小红孩们则又从水中立起，连说“吵死了、吵死了”。反复了几次之后，莫言只好在岸上蹲了一夜，天亮才涉水回家。阿城说，这是他听过的最好的一个鬼故事，好像将童年的恐怖洗净，重为天真。

这一片饱经风霜的土地，见证过无数次的饥荒战火，祖祖辈辈的男人女人在这片胶河流淌出的高粱地上，生息繁衍，留下了

数不清的情仇爱恨、神怪传说，最后都化作灵感融入到那充满悲怆与怜悯的魔幻现实主义文字中。

莫言在这里出生、结婚、迎接女儿出生，曾经生活的老屋如今已被改作旧居供游客参观。他的二哥管谟欣作为解说员，还在日复一日，给慕名前来的人们一遍又一遍地讲解着莫言与这座老房子的故事。

旧居旁边的小学，正是莫言当年上过五年学的地方，五年级二班里，还挂着当年的煤油灯和毛主席画像，一切都如当初。

一年一年，高粱红了又红，土地默默不语，那个农家子弟的传奇故事，却在一直流传回响。

莫言旧居

莫言旧居，建于1912年，莫言生于此，长于此，结婚于此，在这迎接女儿出生，至他参军前在这生活了近22年。旧宅是5间共约60多平方米的土墙平房，屋内仍摆放着莫言几十年前使用过的一些旧物件，免费开放。

地址：高密市夏庄镇平安庄村

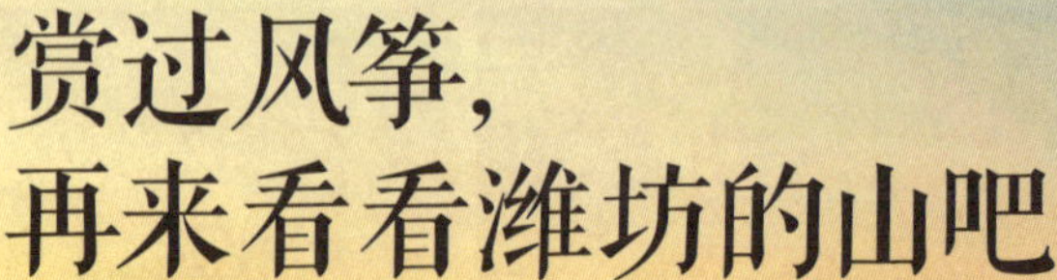

赏过风筝，再来看看潍坊的山吧

提到鸢都潍坊，首先想到的莫不是风筝。每到四月春风乍起，潍坊的天空中早飞满了五颜六色各式各样的风筝，轻巧有蝴蝶、燕子、仕女美人像，壮观如帆船、章鱼、巨龙，引得海内外游客年年极早来此赴这盛会。

潍坊风筝早负盛名，其实，同鸢都的风筝一样名副其实的，还有潍坊形形色色的山。若你来鸢都旅行啊，一定要记得看看潍坊的山：或树木葱郁野趣盎然，或逶迤磅礴壑深谷幽，或云雾缭绕宛若仙境，百态千姿，引人入胜。

沂山
——大海东来第一山

地址：临朐县蒋峪镇

作为中国东海西向内陆的第一座高山，沂山与“五岳独尊”的泰山齐名，素享“泰山为五岳之尊，沂山为五镇之首”的盛名。其位于山东潍坊市境内的临朐县，因旅游资源丰富、历史文化悠久，被评为国家 5A 级旅游景区。

沂山共有五大风景区，东镇庙庙宇古建，百丈崖飞瀑流泉，法云寺古寺佛雕，玉皇顶极顶览胜，歪头崮奇峰怪石，各个景区交相辉映，具有南险、北奇、东秀、西幽的特点。

此外，沂山还是一座文化名山，早有黄帝在此登封，后有汉武帝令礼官祭祀，之后唐、宋、元、明、清祀典延续，共计 16 位皇帝登封于此。更有历代大家名士接踵而至留下了大量诗章名句和碑碣铭文，是到潍坊旅游的不可不到之地。

青云山

——既有江南秀色，又具北地民俗

地址：安丘市青云山路附近

初到安丘市城东的青云山景区，还以为不留神一脚迈入了江南。眼前蓝天碧水连为一体，绿红掩映间，可见有小舟推桨缓荡，惊扰了荷叶团团。弃了小舟踏上曲折的石径，一路穿过云泊榭、观云亭、知音舫、青云桥、莲花山庄等景点，看曲水、瘦竹、奇石布置成景，观奇花异草争奇斗妍，如诗如画。

山水园林区有江南的雅致，齐鲁民俗村更具北地的风情，其浓缩着清末齐鲁民俗全景，复原了官宦人家、富有人家、贫苦人家的典型住宅和县衙署及胶东、鲁北、西南山区等普通农家的住宅等。在这里，你可以观赏婚俗、拜寿、堂审等表演，登城墙俯瞰景物，聆听“钟声隐隐来”的古钟余韵，清末的齐鲁民间风情收在眼底，蕴于胸中。

云门山

——云窟仙境，人无寸高

地址：青州市城南2.5千米

云门山自古为鲁中名山，山虽不高而有千仞之势，似平原拔笏而起；又有松荫盖足之葱郁。夏秋季节，云门山南侧的“云窟”开闸放云，即时白云腾空而出，如滚滚波涛，将山顶庙宇托于其上，若隐若现，宛若仙境，蔚为壮观，谓之“云门仙境”。

云门山巅之阴，有一国内外罕见的巨大摩崖石刻“寿”字。相传明嘉靖年间为衡王朱戴圭祝寿，衡王府内掌司以“寿比南山”之意，在山阴处摩崖上镌刻了大“寿”字。“寿”字通高 7.5 米，宽 3.7 米，仅下面的“寸”字就高达 2.23 米，所以当地人有“人无寸高”“寿比南山”之说。而今，众多的中外游客到云门山参拜大“寿”字以寄托对自己和家人最美好的祝福。

逛圈儿

流光容易把人抛，
有时红了樱桃，
有时绿了芭蕉。
拣一个好去处，
或独处，
或群聊，
白天，
夜晚，
偶尔地，
随你跟生活撒个娇。

QĪ
柒

市府西院文艺地图
15排
Normcore
女装生活馆
设计周
NORMCORE
女装生活馆
16排
美膳坊
本朴工作室
17排
18排
諆行咖啡
Treadvel coffe
諆行咖啡
coffee
私享家
COFFEE
那些年 BAR
19排
澄园
CHENG YUAN
私厨
20排
停
秘密花园
爱护卫生
21排
私享冰货
花房姑娘

仲夏夜之梦，有个大院在等你

有个大院，院里林荫葱葱，花草掩映。一条条小巷里躲着一座座小院，每个小院都挂着别致的名字。夜幕降临，霓虹闪烁，不断有年轻人前来。这原来的老市府家属大院，历经30多年的时代变迁，如今唯有从那小院斑驳的墙皮上，依稀能看到岁月的影子。

大院的未来，拆迁抑或保留，不得而知，但它如今俨然变成了一座文艺青年的秘密花园。闹市繁华，热闹有热闹的好，可天天在喧嚣中浸泡的我们，有时偏渴望有这么一个地方，安静，隐蔽，或一杯咖啡、一本书，或一壶老茶、三两好友，静悄悄地待上那么一天也好。

华灯初上，这个大院在等你。

15排2号·NORMCORE服装

无疑，把一家高端时尚衣服店开到这里是需要勇气的。透明的落地窗后，除了美女老板的大长腿，还有来自全世界的漂亮衣服，摩登时髦在这里竟然毫无违和感。

电话：15863431188

16排6号·Seven餐厅

这家店可是充满“套路”。蔬菜都是最新鲜的，水灵到摆在前厅里让你选；菜品都是别处少有的。关键是老板很帅，没啥特殊爱好，就是喜欢研究养生菜，也是任性。

电话：0536-8377717

18排西户·读行咖啡

老板说，心和身体，总得有一个在路上。这满院的书香、花香、咖啡香，清香缭绕，你若偷得浮生半日闲，可来这里沉醉。

电话：0536-8988970

18排2号·私享家咖啡

走进私享家，仿佛穿越到中世纪欧洲的某个城堡，大面积的涂鸦，飞在空中的马，飘在空中的鱼，云朵上的姑娘，在灯光下熠熠闪光，散发着文艺复兴的浪漫气息。

电话：15908009046

18排5号·那些年

“又回到最初的起点，呆呆地站在镜子前，笨拙系上红色领带的结，将头发梳成大人模样……”歌里唱的是回不去的当初，不过，你还是可以回到“那些年”，从“头”来过。因为，这是一家理发店。

电话：0536-8222703

18排7号·蜜非糖婚礼定制

这是一个造梦小屋，为那些心怀憧憬的男孩女孩实现他们的唯美梦想。蜜非糖，花非蜜，蜜非糖，让两颗心如糖似蜜。

电话：13374766099

18排东户·小院咖啡

茵茵草地，青青翠竹，晃荡几下秋千，坐那遮阳伞，捧一杯咖啡，打半晌盹，岂不惬意快活。

电话：0536-8361617

19排西户·澄园

常青藤肆意地爬满了整个小院，楼上的窗透过竹帘散发出淡淡的光，小院里流水淙淙，伴着啁啾鸟叫，吃一顿老潍县家常菜。下次再来，这一院果树枝头的那些青涩应该都褪去了吧。

电话：0536-8882013

20排5号·辣社

穿过影影绰绰的小巷，被门口的大红灯笼吸引过来，看到大大小小的川剧脸谱，暗自想可能闯入了四川人在潍坊的秘密会所吧，谁知道竟是两位美女开的正宗四川老灶牛油火锅店。

电话：13626362226
15662530000

21排西户·私享水货（海鲜馆）

蜿蜒的石子路，五彩斑斓的外墙，被凌霄花遮挡了半边天的小院，仿佛童话里的小屋，风吹过去，贝壳风铃作响，仿佛能闻到海的味道。

电话：13374766099

有歌有诗，鲜花美食，安然幽静。夏日漫漫，何必去畅想那武陵人都苦寻不得的桃花源，来这里就是了，满院的风光都是属于你的。

地址：奎文区胜利街与潍州路口100米老市府大院

以猫会友的别样天地
喵

店内镇宅之宝——哈鲁

哈噜（英文名 Halu），是客人们口中的“小黑儿”“大脸”“大老黑”……它是壹六猫窝店主自己家猫“祖宗”生的，杭州店开业，它成为店里的人气王。后来随主人来到潍坊，是猫窝的吉祥物。别看它黑黝黝的一只，却是有着英国短毛猫血统的贵族猫，有着高傲的气质，总是像领导一样走来走去，观察着店内的动静，从杭州店视察到潍坊店。来过猫窝的朋友，大家都认识它，杭州的朋友们对它心心念念，潍坊的“哈粉”数量也越来越庞大。

壹六猫窝

地址（泰华店）：奎文区天润路13号
电话：0536-8737117

地址（谷德店）：高新区谷德广场东门北20米
电话：0536-8884656

当你陷在壹六猫窝柔软的大沙发里时，你会恍然间觉得自己身处丽江。你可以用任意的方式舒展开身体，慵懒惬意地坐一整个下午，就像店里的猫咪哈噜一样。这实在是一个别具风情、让人沉迷的地方。那些小东西堆叠起来的，仿佛是厚厚的时光。万种风情，却只因你而沉醉。猫窝静默在天润路，人来人往的闹市有一种花团锦簇的繁盛，让人看不完全，品不过来，而猫窝却有些“养在深闺人不识”的寂寞，是可以静静把玩，慢慢回想的。它总是木门紧闭，里面灯光幽暗，似乎在诉说一个古老而浪漫的故事。

店主是一对恋人，二人都是中央美院油画专业的

高才生，他们的第一家店开在杭州。据他们介绍，最初有点误打误撞，因为疯狂地爱猫，所以养了十几只猫，因为朋友们经常来逗猫，所以圈子越来越大，人越来越多，就这样，一家猫咪生活馆就水到渠成地诞生了。初衷只是以猫会友，大抵是因为落叶归根的思想根深蒂固，总希望能在自己的家乡也可以有这样一个令人时刻感到温馨的小窝。借鉴杭州店的成功经验，潍坊店也不期而来。

有人特别喜欢猫窝辗转局促的小空间，因为增加了人与人之间的亲密感。大花布窗帘将每个角落独立隔开，每处都有软绵绵的大沙发，复古壁灯和台灯。淘自各地的小物件，填满了整个咖啡屋。躲在自成一片的小天地里，或是窃窃私语，或是浅饮小酌，都别有一番风味。伴着猫咪的轻盈脚步，品味着咖啡或花茶的浓香，捧着 20 世纪六七十年代的搪瓷杯子，在时空交错感中忘却了时间。

黑白公园不是个公园

在别弯了第三根针的时候，我终于放下了手里的皮料和针线，决定明天晚上再去一次黑白公园。黑白公园不是个公园，而是一家……一家咖啡馆？服装店？手工店？哦，My God，真的不知道算是什么了。

第一次去黑白公园，是因为咖啡。朋友推荐说这家店的咖啡做得很地道，而且风格很清新，去到这里没有压力，尤其是晚上。玩玩店里的木制玩具，喝杯爽滑可口的花式咖啡，发发呆也没人管你，一晚上很快就过去了。

当我找到这家店进去的时候，却发现这里比朋

黑白公园

好咖啡，美衣裳，黑白公园是潍坊第一家将咖啡与服饰、手作集于一体经营的夫妻店。遇到下雨天，黑白公园有不成文的优惠，全场一律 8 折。

地址：奎文区世纪泰华沿河商业街

电话：18653689518

友说的那个样子更有趣一些。店面很大，香味浓郁，闻着这香味就知道，这里的咖啡应该不错。店里靠墙的位置，有个姑娘在做着一款手工皮制包。总是对这种心灵手巧的姑娘有好感，因为有些人注定是努力一辈子也不可能心灵手巧的。姑娘的手工极其漂亮，手法漂亮、神情漂亮，穿针走线间已然完成的皮制手包更是漂亮。闻着咖啡香做手工是不是格外有感觉？姑娘害羞地说，闻着我老公做的咖啡才格外有感觉。

明白了，这是一家夫妻店。老公负责做咖啡，满足客人对咖啡的喜爱与挑剔；姑娘负责做手工物件，满足那些有手工情结且喜欢独一无二的订制品的客人们。多么地和谐与舒服！橱窗旁还有惊喜，夫妻俩淘自世界各地的服装摆放整齐。“不要放下咖啡，就端着咖啡走过去看就好，更容易找到哪款衣服适合你。”这是朋友给我的忠告，虽然不明所以，但是试了几次，好像还真的有些道理。或许这样，看服装的时候就只能用一只手来翻

看，一款衣服是否适合自己，气质是最重要的，衣服的一角有时候比全貌更能够凸显气质，那么是否合适就全在这衣角间了。这或许是一个预防挑衣服挑花眼的好办法。

在多次看过姑娘做成漂亮的手工物件之后，我终于蠢蠢欲动，买了皮料、针线回家用功去了。嗯，结果可想而知，我说过了有些人注定努力一辈子也不可能心灵手巧的，姑娘给老公补个衣袖上的窟窿都能补得惊天地泣鬼神，我却连根针都插不进皮料里……还是省省吧，有需要交给姑娘就好。

黑白公园，其实挺像公园的。

在天圆地方间，
麦子成树

麦子树水文化馆
地址：高新区福寿街与富华路交叉口西南角
电话：0536-8296077

大隐隐于市，如果不是有人带我来“麦子树”，在这条很繁华的街上，我是绝对找不到它的。

两层楼的外墙，远看以为是画上了条纹，近看才发现是用一片片长竹条把整栋楼包了起来，就连窗子和木门都被隐了起来，入口难寻。推门而入，厚重木门上的铃铛丁零作响，一片开阔场景映入眼前。

大厅中间有块低洼的方形土地，种着花花草草，旁边的泉水汩汩流淌，一株绿色的植物像是游龙一样竟然顺势爬上了天。抬头望上去，屋顶是圆的，天圆地方，回归自然，万物生长。

一花，一曲，一书，一茶，够了。

抬眼，有花儿一朵绿叶一片的小欢喜；

低首，那一壶好水正慢慢催生出

普洱的经年香气。

这里就是“麦子树”生活馆。这里的一切都源于一个奇妙的梦，也源于一位父亲的初心。这位有着“好水情结”的年轻人，为让自己的孩子喝上好水，苦苦寻觅，终于在安丘辉渠的留山上，找到一处优质水源。有天晚上，他做了一个梦，梦到农村老家的那片麦田长成了树，满眼黄澄澄的丰收景象煞是喜人。那麦子在秋天播种，冬天苦熬，春天生长，夏天成熟，历经四季流转，亲历风霜雨雪，生命力强悍。他受这个梦启发，结合之前想开发这处水源让更多人喝上好水的梦想，“麦子树快活水”由此而来，也就有了一座以“麦子树”命名的生活馆。

天地之大，只求自在。携三两好友，来这儿品茗咂牙，打坐读书，任车水马龙、熙来攘往，就这么一格窗、一扇门，把外面的繁华喧嚣都隔离在外。一花，一曲，一书，一茶，够了。抬眼，有花儿一朵、绿叶一片的小欢喜；低首，那一壶好水正慢慢催生出普洱的经年香气。

寻这一去处，古朴自然，回归本真，谈笑有鸿儒，往来无白丁。

苏西说：开一家咖啡馆是一种什么体验？

作为许多文艺青年的终极梦想，开一家咖啡馆到底是什么体验？在潍坊藏着一个叫“苏西的小花园”的咖啡馆，初次到潍坊的人，都会被各个行业的朋友推荐来这儿，虽然位置隐秘，却拥趸众多。开咖啡馆的感受，大概苏西的老板娘最有发言权了。苏西全家移民新加坡十几年，老公 Kan 是一位从小在加拿大长大的加籍华裔，俩人对潍坊有情结，对咖啡更有情结，所以这样的一家店就这样任性地开在了潍坊一个不起眼的地方……

Hi，我是苏西，一家咖啡馆的老板娘。我想你们想象中的应该是一个这样的故事：苏西和爱人一起完成了梦想，共同经营着一家花园咖啡店。清晨，骑着自行车，迎着朝阳上班去。傍晚，骑着自行车，背着夕阳归家来。万家灯火，炊烟袅袅，有狗、有猫，还有他……

确实很完美，不过，我就要打破诸位的幻想了。现实与理想总是“卖家图”与“买家秀”的差距。真正的现实是：每天吸着尾气上班去，挂着灰尘回家来。回家要做饭，要遛狗，还要做“铲屎官”，疲惫不堪。

开店之前，我觉得做一个咖啡店老板娘，既文艺又清新，每天的生活就是矫情地、美美地浇花、看书、晒太阳，与来的每一位客人都很熟络，大家都是朋友。开店后，发现现实与理想大不同，根本是撸一撸衣袖，不留下一丝文艺。平时我们要做的就是张三、李四、王二麻子做着的各种鸡毛蒜皮的小事。还有，如果生意好，是绝对没空文艺安静地看书的。如果生意不好，换你还有心情看书？！

嗯哼，很幻灭对不对？其实，这盆冷水是我浇给那些像曾经的我一样充满幻想的文艺青年的。仔细想来，这事还有点特别。

我和老公，一个在新加坡待了十几年，另一个在加拿大长大，所以店里主打的各类咖啡饮品、鸡尾酒、甜点、特色美式简餐等都是带着地道国外风情的，也因之吸引了不少顾客。或许这也正是“酒香不怕巷子深”

苏西的小花园

地址： 奎文区胜利街新华路西中央生活城对面巷子4号楼第二户

电话： 0536-8283352

的真实写照吧。当初我们回到潍坊，找到这个隐藏在居民区中的普通小院，一点点拾掇，使其慢慢从其貌不扬变成了一个小小花园。户外院子里有草坪，有很多花花草草，还有太阳伞，屋后面便是张面河。夏天的傍晚坐在院内，端一杯酒，听着轻柔沙哑的诺拉·琼斯，还有青蛙、蛐蛐来伴奏，好不惬意……只有这个时候，我才感觉这大概就是梦想的样子吧。

不冠冕堂皇，不毒害一众想开咖啡馆的文艺青年们，更不能矫情地诱惑人们开一家咖啡馆。唠叨一下这近三年的感悟，是羡慕，是同情，还是并肩前行？这其中的挫折与挣扎，温暖与美好，以及其他滋味，只能您自个儿去体会了。

你若问我是围城还是游乐场？我的回答很坚定，这绝对是游乐场。

“见山”，我们先生的客厅

曾经有个时代叫民国，山河飘摇，却也是知识分子的黄金时代。那些如今只能从历史书上才能寻到名字的人，曾经就常常聚集到一起，谈天说地，虽被冰心戏称为“我们太太的客厅”，但也让人心生向往。

在潍坊，有个地方叫“见山”，这里时常汇集了这城里的各路人马，说相声的，写文字的，教书的，画画的……济济一堂，谈笑风生。主人的性别为男，我们姑且把这里称作“我们先生的客厅”吧。

见山自然是取“开门见山”之意。地方不大，两个封闭空间，其余为半开放空间。两张桌子：一张柞木料的，原是擀大饼用的，现用于摆放茶水瓜果，供人围坐四周吃茶聊天；一张楸木的，置于庭院，

見山

见山工作室

地址：奎文区福寿街鸢飞路口北 100 米路西华丰东巷中段

电话：15065659285

供人闲坐听雨，路人可坐。椅子数把，书籍大约有几千册，1956 年的《大公报》还存有六份，其他像民国老床、碑帖画册、卷轴书画、木版年画、破牦牛角、旧纺车、木轮推车、咖啡机、锡酒壶、几维鸟标本等零零碎碎的物件都被这间小屋收纳……奇怪的是，看上去倒也和谐。

见山的主人好客，来人陆陆续续，渐渐地，这里就成了城内许多人士聚集的场所。透过落地玻璃窗，有时可看见十几个人或站着，或坐在马扎上，围着一张板车改成的大几子侃侃而谈，或许说着某本古籍，或许谈着某一幅画，或许追忆着城里哪条街巷的由来……有时又会看到，门口的，前厅的，里屋的，分散几拨，各谈各的。主人话不多，总是在角落处看着那些说到兴致上的人，一边微笑，一边不时添上一壶热茶。

有时候来，门口的小几上都摆着时令水果。常常伴着主人的，还有一株芭蕉，一盆兰草，一棵薄荷，一棵茉莉，还有庭院老牛槽内正在肆意生长的铜钱草。

主人常说，见山只是一个尝试，作平民展览、百工传习、器物收集、习字玩耍等之用。须知参差多态，乃是幸福的本源。前街口张大叔就是喜欢倒腾腌咸菜的罐子；后胡同里的王三婶子不依不饶地骂着她闺女翠兰，嫌她只爱扒扯簸箩里那些麻布棉线团子，乐此不疲绣鸡描狗，而不去上街逮个女婿生个外孙来给她以慰晚年丧夫孤独之苦……

有人落入俗套，有人落入雅套。闲暇有时，欢迎来这儿坐坐。

一个有故事的姑娘爱上一个有故事的汉堡

作为“吃货”的我，两年前就爱上了它，它的诞生无疑是“吃货界”的大事件，因为它成功地勾引了我。

它外表低调，在新华路福寿街一个不起眼的巷子里；它内心张扬，每一款食物的名字和造型都极具个性；它东西好吃，可它满屋子乱晃的洋大厨更是秀色可餐……好吧，其实它是一个有故事的西餐厅，就像我是一个有故事的姑娘，我叫李静，它叫嬉皮速食。

说了我是个有故事的姑娘，所以在心情颠覆的时候总来这里吃那款叫作“小恶魔”的牛肉汉堡，够劲儿！这个位于市井里的西餐厅，任性地选择远离繁华和喧闹。第一次找它有点难，你甚至会怀疑是不是导航出了问题。但当你找到它以后，就一定不会忘记。它就在那儿，静静地烘着它的汉堡，看着食客用美食写满自己的故事。

三明治是店里的极致代表，没错，我最爱的那款够劲儿的“小恶魔”正是老板“脑洞大开”后起的名字，别问我怎么知道的，你去问他，你也会知道。我每次来都会在这里遇到肤色不一的“歪果仁”，“歪果仁”果然和我们这些“钟果仁”口味不一样。据我观察，他们钟爱墨西哥餐里的 Taco　三张小饼、些许蔬菜、彩椒煎鸡肉或牛肉，有时候他们也会选牛油果配虾肉，最后一定会加上这里秘制的调料。

其实，我更爱坐在高脚凳上看“歪果仁”那吃完一口后夸张的表情，那表情看过之后让我恨不得夺过他手里剩下的食物，唯一能阻止我这么做的，只有店里的洋大厨。他一出现我就像向日葵找到了太阳！嬉皮的洋大厨帅到极致，他会纯手工制作汉堡中的面包，将鸡肉、牛肉配上上等的酱料一起制成汉堡，手法温柔娴熟，看着都是一种享受，鸡肉、牛肉在他的手里搭配之后都好像格外好吃。每次看他将汉堡小心烘烤的时候，我都会觉得这是世界上最好吃的汉堡。

作为一个有故事的“吃货”姑娘，这里是我满足味蕾与心灵最好的地方。如果你也是一个有故事的人，那么记得来这里找我，**暗号叫作：小恶魔与你不见不散！**

Hippie Food 嬉皮速食

地址：奎文区新华路福寿街北胡小区利民巷圣利巷交叉口旁

电话：18753686269

一碗酸菜鱼面走天下

早就听说潍坊的面食有名，这不来潍坊旅行，一下火车就开始搜罗潍坊的面食，与“友达面馆”是一种不期而遇的缘分。落地窗外望进去，满满的人恐怕都不是“火爆”能够形容的。走进去刚要预订那“爆款酸菜鱼面”，却被告知每天的供应量有限，“明天请早！”

隔天一大早就把面条预订上了，不到中午就冲了过去，却没想到刚到饭点面馆里面的客人已经非常多了，朋友兴奋地说：“来两份酸菜鱼面！”我在一旁忙着点头。一直低头忙碌的收银员抬头看看我们说：“你们两人一份就够了。”

“那个……其实我们的饭量挺大的……”

“放心吧，一份肯定能吃饱的。”

我们乖乖地听了店员的建议，只点了一份面条就坐到凳子上等待。不一会儿，面上来了，好家伙，得亏只点了一份，面条竟是用盆端上来的。满满的一大盆面，正冒着腾腾的热气，刚刚放到桌上，空气中已经弥漫起酸菜鱼的香味。一眼看去，首先看到的是飘在面汤上的一个个金黄金黄的大麻团，一人一个夹到小碗里凉透了，咬一口嘴中已是满满的米香。夹光了麻团，就看到了埋在红彤彤的辣椒块和绿油油的葱段底下的鱼片，一片一片白嫩嫩的，不用勺子托着，都害怕一不小心夹碎在碗里，咬一口，又嫩滑又鲜美。听店长说每天的鱼和其它食材都是最新鲜的，且每天卖的份数不能超过 80 份，以求每份都能做成精品，难怪卖得如此火爆呢。

可是吃了好长时间的鱼片、蟹棒和青菜，突然发觉一个问题，面条在哪里呢？于是朋友把厚厚的几层鱼片和青菜挑开，终于看到了埋在满满的食料下面的黄澄澄的面条，夹几根放到自己的小碗里，淋上一点汤汁，连面条带汤汁一块吃进嘴里，真是又鲜又香又筋道，越嚼越有味。吃完了面条，忍不住把汤也一勺勺喝掉，一顿饭吃下来，肚子圆滚滚的，面碗里已经精光光了。

据说，他们家的配料和面汤都是秘制的。还有食客好事，过来帮我们推荐，说他们家有另一种特色面叫作“友达杂烩面”，也是好吃得不得了。“吃货”们向来是“自来熟”的，就这样吃了一顿鱼面，结识了一位朋友，又相约了第二天的一顿杂烩面。

如今，在潍坊逗留了已有 3 天，恨不得每天都来这里吃面。所以如果有朋友再到潍坊，我一定会推荐他来尝尝这份透着潍坊面食精粹的特色改良面。

友达面馆
地址：奎文区胜利街文萃巷
电话：15966193320

在『围炉夜话』想念莫奈

喝咖啡从来不是一件风花雪月的事情，就像在莫奈的眼里，画画永远都只是人生中的一种必然一样。没错，我爱咖啡，同样地，我也爱莫奈。能在城市里找到一家心意相投的咖啡馆，这家咖啡馆必然和一个人的喜好有着某些暗合，比方说我喜欢的咖啡馆一定能让我在这里，想起我最爱的莫奈。

我爱莫奈，是因为他对光的追求的极致。年轻的画家离经叛道地画出了《日出印象》，从此印象派的名字在世界绘画史上绽放出了璀璨的花朵。我对名字也有着某些计较，好听的名字能够直接勾起我对事物的兴趣。正如这家咖啡馆，它有个不错的名字，叫作“围炉夜话”，让我想起了十几年前疯狂追窦文涛、梁文道、许子东的《锵锵三人行》的日子，三个大男人的“围炉夜话”让思想饥渴的大学女生透过一扇唠叨的窗子看世界。

回到咖啡馆，这里的光也全然是一种印象，就像此时，我坐在这家咖啡馆靠窗的桌前已经有一天的时间了。从早上走进这里开始，别管哪个地块产的哪种咖啡豆，琥珀色的咖啡汁液，都会因为窗外打进来的光亮而出现白色的光片。它们漂在咖啡上让人误以为那是一片白色的花瓣。想必莫奈也在阿让特港被一束水面上的光欺骗过，从而画出了那一幅又一幅阿让特港的海边、帆船、铁路桥、赛艇会……

运气好的时候，能在这里赶上老板烘焙咖啡豆。咖啡绝对是一种神奇的东西，生咖啡豆本身是没有任何香味的。烘焙人的火候对咖啡具有至关重要的作用。当一缕一缕曼妙醇香的咖啡香味蔓延在咖啡馆的各个角落的时候，定是成功的咖啡熟豆出炉了。这每一粒的咖啡豆该是多么感谢这位烘焙人，给生命存在以最完美的呈现。要知道这是一件至关重要的事情。世界上能做咖啡的馆儿何其多，但是要论能烘焙咖啡的则要减掉一半，能把咖啡的精华烘焙出来的则要再减掉一半。

你想为什么莫奈前半生的画作不缺人物肖像，而他的第一任妻子卡蜜儿去世之后，他就没有再画过人物呢？撑着洋伞站在山坡上的卡蜜儿，树荫下野餐中的卡蜜儿，河边读书的卡蜜儿，窗前做着针线活的卡蜜儿，身着日本和服舞蹈的卡蜜儿，临终病榻上最后的卡蜜儿……生命是需要互相欣赏与成全的，好的画匠与最适合的模特，饱满的咖啡豆与最精心的烘焙师……莫奈从来没有宣称过他这一生只画卡蜜儿，但是却用他一生的作品向这位纯洁、美丽的女人诉说着衷情。世上的美女千千万，而能入得了莫奈画纸的女人却只有那一位。

对世上的人也好，物也罢，都要有一

份执念与专注，衷情与热忱。我在这里见过很多男孩、女孩，沉浸在一杯杯精美的花式咖啡中，或是甜蜜于一块块西式甜点中，抑或是流连于特调鸡尾酒浪漫的色泽中。在每一张桌布优美的桌子旁，都驻足着一颗热爱生活的心。而我，独在围炉夜话的咖啡香中想念莫奈。

在咖啡馆里每一处有光的地方，我们都能看到与莫奈眼中相同的光影变幻。在这里，我们慢慢品味咖啡的香味与生活的味道，留住这一刻内心的触动与感觉。莫奈在老年因白内障几近失明的情况下，用生命最后的时光留给世界《四季睡莲》作为礼物。从“看得见”到“看不见”，内心的饱满给了这位画家重生的勇气，也向世人展示了生命的力量。

在围炉夜话，想念莫奈……

围炉夜话咖啡馆

营业时间： 11:00–23:00

地址： 奎文区鸢飞路与福寿街交叉口西200米华丰南巷内

电话： 13371095669

京广·尚悦，走走 停停，等等你的灵魂

今晚我迷路了，在张面河北。或许在循环往复的日常里，已经将此刻演绎许久。时间没有给我留有余地，好在耳畔是鹿先森的《春风十里》，让我觉得暖。我和朋友在解忧杂货店吃晚餐，像北岛先生在《波兰来客》里所说，那时我们有梦，关于文学，关于爱情，关于穿越世界的旅行。如今我们深夜饮酒，杯子碰到一起，都是梦破碎的声音。

每天上班、工作、下班，看电影，聚会，撸串，读书，写作，深入和我们无关的人群……慢慢地发现，与人为伍，却不如找一方净土，与自己对话。走走停停，等等你的灵魂，京广·尚悦，就是隐蔽在都市喧嚣中的世外桃源。

造访一座城，倘若不去看看这个城市的书店，便是一件不可饶恕的虚行。书店是一个城市的记忆，四季轮回间，承载着我们悲欢离合的故事。在美丽的鸢都潍坊，有这样一家书店，提供知识和技能，陪伴了几代人的成长。为给读者带来全新的购书体验，2015 年 8 月，京广·尚悦重装启幕，成就了一处城市文化会客厅。这里包含绘本、咖啡、文创空间、崇贤馆、3D 打印、教育培训、艺术长廊等元素；不定期举办读者见面会、小型音乐演出、独立影片交流、艺术展览、文化沙龙等多元文化活动，通过书籍、谈话、影像、思想，构建起一个小小的文化体验空间，打造属于读者自己的文化交流场所。

漫步时光长廊，在尚悦艺术空间里感受美学精神，在浓墨重彩的笔触下体会书画作品的灵动之气。光阴荏苒，寻找记忆的身姿，点点滴滴，触手可及。在京广·尚悦，就有这样一处时光墙，

绘本馆

到底有多少想做的事，未企及的梦想，轻轻的遗憾？统统执笔写下，寄给未来的自己和最珍视的人，封存过往，作为成长道路上的军功章。参天大树的主结构下，三五成行的座椅以供休憩，抬头仰望，是一枚枚明亮的金黄色光晕，像一只只萤火虫穿梭林中，轻姿曼舞，如履梦境。自上而下牵引而出的书架，那是绿植的栖息地；木马结构的摆件、藤蔓的手工编织，是回归童年的本质。若是在闲暇的午后，游荡在这充斥着书香的艺术空间里，偶尔能找到本寻觅许久的书籍，犹如适逢许久不见的知己，捧一杯咖啡，安静地跟自己相处一会儿，便是这萧萧秋日里最温暖的小确幸。

地址：奎文区潍州路616甲号

EIIR

车水马龙，人流如织，也许你现在仍是一个人吃饭，一个人看电影，一个人去乘地铁，一个人在书店里打发时光……一个人的时候，需要独自思考很多事情，这就意味着一个人需要耐心地走很长一段路，在这个过程中一点点雕琢成更好的自己。孤单时分，亦是最丰盈的时刻，你我均如是。

在这雾霾笼罩的城市里安眠，梦里寻找的就像每一天都被告诉的——这也是要实现的那个梦的一部分。我再也无法沉浸在此时此地，如很多人的向往：身体和灵魂，总有一个在路上；亦如晓松老师的词：生活不止眼前的苟且，还有诗和远方的田野，你赤手空拳来到人间，为找到那片海不顾一切……

疏园花木深

|简介|

郭味蕖（1908—1971） 山东潍县人，20世纪中国画大师、美术史论家、美术教育家、文物鉴赏家。先生精研传统，学通承变，开一代新风，是传统花鸟画向现代转型最成功的代表性画家之一。他长期主持中央美术学院花鸟画教学，是中国现代高等院校花鸟画教学体系的创建人，培养出大批优秀人才，影响了一个时代。作为美术史论家，郭味蕖先生学养深厚，著述丰赡，研究领域广泛，包括金石、建筑、造像、版画、年画、绘画史、画家评论等诸多领域，为后人留下了多部美术史论方面的奠基性著作，像《宋元明清书画家年表》《中国版画史略》《写意花鸟画创作技法十六讲》《郑板桥评传》等都在学界影响深远。同时郭味蕖先生精鉴赏、富收藏，他的知鱼堂藏画多为中华绘画传世瑰宝。

疏园，国画大师郭味蕖晚年居潍之家园。

1969年的最后一天，“文革”中饱受冲击的郭味蕖被命“疏散”，携抄家仅余的十数盆花木，踽踽而行，回到潍坊仅剩的一间凋敝小屋，从此名家园为“疏园”，自号“散翁”。艰难困苦中，他奋发自励，书联“归来画兴浓于酒，病起文心壮如雷”“比岳家军从天而降，如黄河水导海以归”，展现出一代文人的豪迈胸襟。

现在的疏园占地800平方米，南北两院共有17间清代民居，1992年被政府辟为郭味蕖故居陈列馆对外开放，2007年被列入山东省重点文物保护单位。郭氏为潍坊最具代表性的文化世家，在这里有专门展室介绍郭氏家族500年的文脉递传。

走进疏园，你或许能听到明末著名学者周亮工任县令时与郭家祖辈一同抗清守城的拼杀声，郭氏外孙刘统

勋、刘墉父子来潍探亲时车盖云集的寒暄声，郑板桥“七载春风在潍县，爱看修竹郭家园”的吟哦声，李鸿章送爱女嫁入郭家的依依惜别声，还有陈介祺、高庆龄等郭氏姻亲一起摹印传拓的金石声……但更多的是，你能感受到郭氏家族一代代文人、学者、诗人、艺术家、教育家、名医的事迹、著作，如一道不息的江河，贯穿了潍坊500年的文化史。

疏园西邻，是郭味蕖美术馆。那些常年陈列着的郭味蕖先生的生平事迹和学术、艺术珍品，无声诉说着郭味蕖与徐悲鸿、齐白石、黄宾虹、郭沫若、沈尹默、溥心畬等名家的旧日往事。

疏园不疏，有无数后来者，来此缅怀追忆前贤大师。

总说随遇而安，
那必定是遇到一处好地方。
鸢都的夜太安静，
不睡，
只因住所太妙，
不舍入睡。
在路上的日子，
遇到这份不舍是种福气。

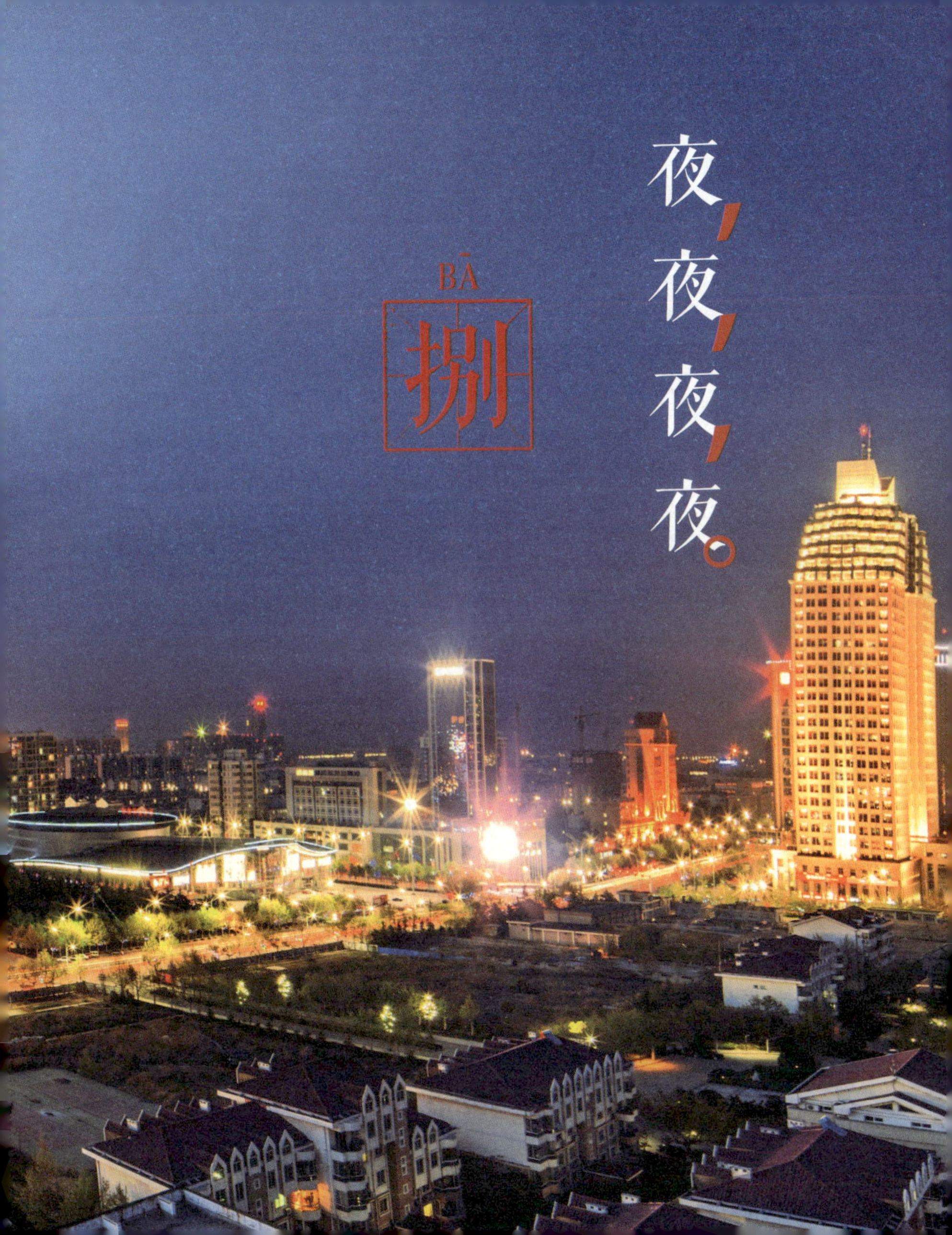
BĀ
捌
夜，夜，夜，夜。

一言不合就看剧

我，文青一枚，平时爱好无他，读书，旅行，看剧，奈何冥冥之中，月老的红线悄悄牵动，稀里糊涂就嫁来了潍坊。

潍坊挺好，人情风土都朴实可爱，唯独这看剧难坏了我，只能每每跟着上演的剧目全国各个城市地跑，别人说我像着了魔。对，是中了戏剧的魔。终于有一日，家里那位装作若无其事地告诉我，潍坊要建大剧院了，以后你用不着追着剧目满世界窜了。

2013 年 11 月 1 日，我在潍坊保利大剧院看了它的首秀——《两只狗的生活意见》，从此，一言不合就看剧。俄罗斯芭蕾舞剧《睡美人》、儿童剧《新小红帽》、孟京辉的《空中花园谋杀案》、爱尔兰踢踏舞《足尖风暴》、歌舞剧《红高粱》……看了一场又一场，像要弥补之前那些年的错过。

还记得第一次走进潍坊保利大剧院，心里不禁惊叹，果然没让人失望！据说总占地面积为 4.9 万平方米，是按国际一流剧院标准建设，歌剧厅、音乐厅、小剧场及会议中心一应俱全，功能设施先进完备，能接待世界一流艺术表演团体。那观众席可

同时容纳 1500 多位观众观看演出，舞台呈“品”字形镜框式结构，能随意升降延伸，最多可允许 80 人编制的乐队进行演奏。音响和灯光也是顶级配置，在这里看剧就像在北京、上海的大剧院一样，是同样的视听享受。

等啊盼啊，终于盼来了赖声川，先是《宝岛一村》，细腻的感情刻画、流畅的剧目衔接让人折服。2015 年 11 月 22 日，我的印象深刻到了极点，《暗恋桃花源》上映，黄磊、孙莉、何炅一众明星都来了。这部经典的戏中戏，关于“暗恋”和“桃花源”，江滨柳和云之凡，老陶、春花与袁老板，悲伤又搞笑，感人又荒诞。其中穿插的一些本土化改动，像“你看的那是黄浦江吗？是白浪河！”让人忍俊不禁的同时，还提醒了我，哦，这竟然是在潍坊呐！

没错，这可不就是潍坊嘛。

我能想到最浪漫的事，就是跟你一部接一部地看剧。舞台上，戏中人为爱痴缠，时悲时喜，惹人潸然泪下；戏终人散场，在台下，最爱的人刚好就在身旁。

Tips

潍坊保利大剧院

潍坊保利大剧院按国际一流剧院标准建设，主要包括歌剧厅、小剧场及会议中心，具备接待世界一流艺术表演团体演出的条件和能力，是一座设施先进功能齐全的现代化高雅艺术殿堂。

地址：高新区文化艺术中心

电话：0536-5601666　0536-5601888

寻梦记

孩子的哄笑声忽然将我从回忆中拉回了现实，这里不是幼儿园，我身在一个小剧场，正在看一台儿童剧，身边坐着的全是六七岁的孩子。开场的一刹那，我便被舞台变幻的灯光所迷住，回忆起了小时候看过的动画片，它叫《绿野仙踪》，而今天的这场叫作《爱丽丝梦游仙境》。

我是典型的80后，从小看着动画片长大，有国产版的《小蝌蚪找妈妈》《大闹天宫》《黑猫警长》……有国外版的《米老鼠和唐老鸭》《布雷斯塔警长》《圣斗士星矢》……当然除此之外，也有各色的漫画书。80后的我们从小就在这些动画中做着美梦，也在这些动画中树立着最初的人生观、价值观。孩子是一群多么可爱的生命，说话的动物、闪着荧光的城堡、美味的糖果长在树上……这一切的一切在孩子们的眼里都是那样的理所当然，这些美好的故事就像是一个又一个美丽的梦，在梦里孩子们学会惩恶扬善，学会互帮互助，学会尊老爱幼，

在梦里一切都充满了美好与力量……

梦想应该在孩童时代就拥有。美妙的音乐，华丽的服装，动情的表演，曼妙的舞蹈，这样的一台儿童剧，给了孩子太多的新奇与希望，高低起伏的剧情使每个孩子在心里种下了一份希望。曾经在看威尔·史密斯父子的《当幸福来敲门》时，和朋友讨论，这么小的孩子竟然有这么深沉的演技，能够如此精准地展现孩子丰富、强大的内心世界。朋友说，在国外很小的孩子就会进剧场看戏，他们的内心世界并不比成人匮乏，戏剧能够迅速地提升孩子对艺术的接受度、对世界的鉴赏能力，在这个过程中孩子的性格、气质涵养也就慢慢形成了……

"变勇敢，变勇敢！"身边的孩子们又一次大喊了起来，我也又一次被拉回了他们的世界中。舞台上的那头狮子就像一只温顺过头的大猫，不敢动也不敢讲话，孩子们恨不得冲到台上去给它勇气。正在这时，危险降临，狮子在这种猝不及防中终于爆发出百兽之王的威严与力量，孩子们欢呼雀跃起来，整个小剧场也开始变得异常热闹。我就这样坐在这群孩子们中间，看着这一张张喜形于色的单纯笑脸，笑容不自觉地挂上了嘴角。孩子是多么需要这样的故事，需要用这样的方式打开他们认识世界、接触世界的眼睛啊。

我想，需要梦的不仅仅是孩子吧，是时候也给自己一个梦，回到最开始的地方，清澈勇敢地面对世界、面对自己。

这里是一个戏剧工坊，我在这里跟着孩子们看了一场《爱丽丝梦游仙境》。

Tips

潍坊梦·剧场

潍坊本土先锋小剧场梦·剧场隶属于潍坊梦工场传媒有限公司，占地 280 平方米，拥有 134 个座椅，29 盏舞台灯以及先进的舞台音响设备。梦·剧场主打儿童舞台剧，其中 2015 年推出的经典童话剧《灰姑娘》火爆上演，观众达 4000 多人。演出全部由孩子们独立表演，无任何成人引导，开启潍坊儿童剧演出新篇章。

电话： 15965096050
门票： 50 元—70 元
地址： 奎文区阳光 100 广场 6 号楼 1 楼 103—104

至胜至美，河边那个家庭小酒馆

从大学二年级第一次进酒吧开始，我在许多座城市中进出过不计其数的酒吧，除了喝酒、赞美酒、听歌、赞歌手、瞎扭、一起扭、吹牛、听吹牛……真正能够打动我心的酒吧，有，但是不多。白浪河边的这个家庭式小酒馆算一个，它几乎算是潍坊最早的酒吧了。名字挺野，至胜酒吧。内里却挺暖，每个到这里来的客人都有来的理由，理由和这个家庭酒馆的每一个成员都有点关系。来这里的客人也几乎都与我一样，能够说出酒馆老板家的一众家庭成员。

有的人是来这里找这家的爸爸的。老爸是酒吧的大厨，自己研发的汉堡是一众食客的最爱，挑剔的“歪果仁”们也对老爸的手艺赞不绝口，汉堡的名字也有了，“baba burger”是对这款有温度的汉堡最完美的诠释。

有的人是来这里找这家的女儿的，女儿白天是漂亮的钢琴老师，晚上则变身白浪河边最美的女神。她不定期地组织酒馆活动，不定期地从各处学习调制新的养生饮品并送给前来找她的姑娘们试饮。每天晚上她都会在酒馆里和熟识的客人们聊天谈心，这里没有嘈杂的音响轰鸣，她不喜欢，来这儿的客人也不喜欢。音乐适度，不吵不静，刚刚好适合放松心情，寻找一份安然。

有的人是来这里找这家的弟弟的，帅气的弟弟和调酒师占据了吧台的半壁江

山，这是外国人最喜欢待的地方。酒馆几乎成了外国人的聚集地，能在异国他乡喝上一杯有着家的味道的啤酒或者鸡尾酒是每个人的愿望，不分国界。酒馆对饮品格外注重，请了几位在国外酒吧工作过的调酒师驻场，有的时候更会直接询问外国客人的看法，以调制最正宗的口味醇正的酒类饮品。

有的人是来这里找 Miu Miu 的，酒馆的吉祥物，一只有理想有情怀的美丽泰迪犬。见到喜欢熟识的客人，它是一定会要求抱抱的，楚楚可怜的眼神让它成了酒馆中最有向心力的一员。它可能会在吧台上陪客人喝酒，可能会在桌球边欣赏彩球落袋，可能会跟着音乐摇摆，更多的可能是待在某个客人的怀里，静静地享受宠爱……

我喜欢这里，是因为不急不躁的快乐，缓缓的清心静心，就像酒馆外细细流淌的白浪河水。白浪河边，好一个温馨暖心的家庭小酒馆。

Tips

至胜酒吧

地址：奎文区V1购物广场沿河步行街22号

电话：0536-8296077

你若心事"末了"，就来这里

这里是一家咖啡馆，经营着各式咖啡、甜品和西式简餐;这里又是一家私人影院，不仅有你想看的电影，还有舒适的环境。挑一个周末的下午，约闺蜜来品上一杯咖啡，抑或是忘我地看一场电影，那个时候我才发现，并不是所有的事情都着急地需要有个结局。

第一次来这儿，甚至不需要有人带路。到达阳光 100 城市广场，钻进一栋楼，乘电梯上五楼，铁门未开便能闻到咖啡的香气，一颗颗活跃的气体分子就成了最可靠的引路人。循着咖啡的香迹，即使是面对写字楼那迷宫般的走廊，你也不会迷路。简欧的装饰风格，搭配上强烈的色彩，眼前的虽是静物，却好像有一种碰撞在空间中发生着，让人产生莫名的迷幻感。

这里是末了咖啡。第一次来，我被吧台上一众琳琅满目的酒瓶镇住了。是我少见多怪了，谁说咖啡馆里不能喝酒，酒吧里不能喝咖啡了？在这里，无论是咖啡还是酒，如果不是太介意的话，它不过是一种味道，是一种让人沉醉的神奇液体。

未了影咖

地址： 奎文区胜利街阳光100城市广场7号楼5楼

电话： 0536-2290777

咖啡和电影的组合，就好像下雨天和音乐，一个环境，一种闲情。我始终忘不了那次在公共影院遭遇后排大叔睡觉打呼的窘境，有时候糟糕的环境会毁掉看电影的心情，而这里完美地解决了这个问题。咖啡馆二层，就是别有洞天的私人影院了。私密的空间，每个包间都有自己独特的风格：于海边漫步看天际镜头的电影；于森林小屋看树神躯干上的电影；于卡通乐园看笨熊手提着的电影……你可以和闺蜜边看电影边点上一份香甜的甜品，或者直接要一份主食满足味蕾。如果卡布奇诺慕斯和巧克力熔浆还不能满足你挑剔的味蕾，不妨尝尝由老板娘亲手烹制的菲力牛排。油脂受热发出的“吱吱”声和蛋白质在高温下挥发出来的特有香气，会让你在这个小小的自由空间里欲罢不能。

这里是一个咖啡馆，这里又是一个电影院，这里更是一个心灵栖息地，让疲惫的我们找到片刻的安静与惬意。别吝啬时间，让自己获得力量的休息是时间最好的去处。故事“未了”，心事“未了”，一切的“未了”在这里短时间地暂停吧，因为我需要在这里找到继续“未了”的能量与勇气！

不懂空间设计的老板不是好艺术家

出门在外总要睡得舒服，睡得踏实，睡得与众不同。这对店老板是种考验，满足这样的消费需求，店老板得是个生活家，有着浪漫主义情怀，房间里最好能“花间一壶酒，对影成三人”；得是个文学家，有着深沉的文学修养，房间里最好能“转朱阁，低绮户，照无眠”；得是个艺术家，有着卓越的设计能力，房间里最好能“自云有奇术，探妙知天工”……

朋友带着新婚老公爽玩中国，在潍坊停留 2 天的时间，拒绝了我的邀请，自己找酒店住去了。有本事的丫头总是这样，有肉则欢，随遇而安。

打电话给她的时候，她告诉我：“快来吧，我在夏威夷听海。”着实被她吓了一跳，按照她给的地址跌跌撞撞而来。

第一眼看到酒店外貌，又被惊到了。设计出身的人，认出了酒店整个墙体采用的是紫色闪亮风动片，微风吹过，就像紫色的水波映在了整栋楼体的墙面上。实在没想到潍坊竟有这样的酒店，进了酒店按照朋友的指示去找她的那间“夏威夷听海”。

进了酒店看得越多，嘴巴张得越来越大，因为

Tips

优朴空间主题客房

潍坊优朴空间主题酒店位于东风街，毗邻潍坊十笏园，酒店具备二维码开锁功能，有地中海、Kitty、日式等多种主题房间及特色酒吧。

均价：130 元—220 元
地址：潍城区和平路东风街交叉路口
电话：0536－8521521

这儿完全符合一个苛刻的旅人对酒店的所有要求，设计感十足，每一方空气中都充斥着设计的元素，我打赌老板一定是干设计出身的。房间的小门牌都精致无比，**“爱情海”“原野印巴”“日式和居”“爱丁堡”“七彩糖果屋”……每间房的门牌上都标有不同的标签，来这儿到底是住酒店还是环游世界啊？**

敲开“夏威夷听海”的门，只见朋友毫无淑女形象四仰八叉地躺在偌大的船型水床上，房间的地毯竟然是清澈海浪图案，天花板上欧式烛光灯掩映在一众亮闪闪的星星中，她的新婚老公正坐在房间内的沙滩椅上看新闻。这也太神奇了，怪不得不来我家借住，这哪里是住酒店，完全是一次房间内的出海旅行。朋友神秘兮兮地告诉我，差一点就住进那间“日式和居”了，榻榻米的梦从小时候看《哆啦 A 梦》的时候就有，可惜订晚了，被别人抢走了。

圆梦不成，贼心不死，我临走的时候，这丫头说，去别的城市找找看有没有这样的酒店，找不到再回来这里，一定要住进那间“日式和居”。斜着眼看她，小九九也在我的心里打了起来，改天我也要来这儿试试，我想“爱丁堡”的英伦风情或许更适合我吧。

书是书非，是是非非，来了才明白

邂逅“书是书非”，实属偶然。

早闻其名，也曾循着白浪河畔找过，不过店倒是找到了，看到的却是一扇紧锁的店门。没想到之后的一天晚上沿着白浪河畔看夜景，突然一眼瞥见书店亮起的灯光，于是眼睛还在看着，脚已经下意识地向它走过去。

推开店门，一眼就和店长姐姐的目光相撞，她向我微笑，眼镜在灯光下泛着微弱的光，是个温柔谦和的女子。我走过去坐在吧台与她攀谈，了解到这“书是书非”原是白浪河畔很早的一家书店，几年间安安静静地在这河边坚守至今日。近几年在互联网的冲击下，书店的生意并不好做，“书是书非”坚持到今日必定是经历了多次大浪淘沙的。可店长姐姐的言语间却只一派云淡风轻，也就愈发觉得每一个温婉的女子，其实都藏有一颗坚韧的心。这样的女子，和这书店的气质十分相符。

书是书非分为上下两层，一楼有两个大书架，上面各个类别的书目很全，二楼也有书架，不过主要还是读书区，桌椅整齐，灯光通透。于是我从一楼挑了书，踩着木质的楼梯“咚咚”向上，找一个座位坐下来，抬头看到身侧的读友们都在埋头翻书，浸沁在繁华灯色里，已有些浮躁的心瞬间安静了下来。

偶尔眼睛累了抬头看一眼四周，才发现书店的布置是极为温馨的，悬挂在围栏上的漂亮的明信片，贴在墙面上的浅红色的枫叶，摆在书架一角的精致的木雕，还有各样的民俗挂件和长相正盛的绿植，**如此静谧，如此精美，这哪里像是一家书店，分明是一个隐于闹市的“世外桃源”，且是知识的“桃源”。**

正在暗自感叹，才发觉周围的人已经散了，不知不觉间夜色已深，书店该打烊了，我喝干了杯中的咖

Tips

书是书非

地址：奎文区东风东街与和平路交叉口南100米路西

电话：18553634646

啡，心里跟自己约好明日再过来。走在回家的路上突然间就明白了，“书是书非”之所以能坚守这么久，实在是闹市中太需要这样一个安静的所在。这世界向前进的步伐越快，在人们的心中，就越需要这样一方小天地。总有一些情愫正如这书店一样静谧，却也如这书店一般历经风雨而愈发坚韧。

曾有一日我问店长姐姐：“为何起这个名字？”

她笑得温柔：“书中道理，是非曲直，各人读来各异吧。”

是啊，这世间有什么是值得深深追究的？若有，书中的记录恐怕是最多的吧。所以，若偶有闲暇或者偶然兴起，不妨过来坐一坐，点一杯咖啡，静读古今的大道和是非。

书是书非，来了你才搞得清楚。

是是非非，读了你才辨得明白。

太空舱，乐在途，不思蜀

《三国志》中记载，蜀汉降魏后司马昭宴请后主刘禅，其间故作蜀技，同降者闻之皆为之感怆，独后主谈笑自若。他日司马昭又问是否思蜀，答道：“此间乐，不思蜀。”

每每读到此处，总忍不住向着故纸堆追问道：“魏地究竟何等的山川俊秀、物阜民丰，竟使后主不思念故国？”一直难以理解，直到我在旅途中寻到了一处逍遥自在地，才终于能理解一二。

这处逍遥自在地，是潍坊的一个太空舱旅店。

寻到乐途太空舱的那一刻，要多狼狈有多狼狈，去潍坊考试，忘了提前预订酒店，到了才发现周围的酒店都已经爆满，于是一个人拖着行李箱在大街上孤零零地走，心里想着：难道今晚要睡在公园的躺椅上了不成？心里正无限萧索，转头一眼看到乐途太空舱。

双脚迈进去，心里却是没抱多大希望的，总觉得一个小小的太空格子间能布置出什么花样呢，直到看到一楼墙壁上的精致墙绘，才稍稍觉得有些温馨。一楼早已经住满了，跟着店老板上了二楼，挑了一个上铺的“舱”。

实在没想到这太空舱看上去挺小，坐进去才发现空间其实挺大的，电视机、空调等设施一应俱全，许是床垫太松软了，空调调到合适的温度后，我竟不知不觉睡了过去，醒来时已是华灯初上。打开太空舱的门，爬下梯子到地面，这才发现许多紧关的太空舱门此时都打开了，有的“舱友”正吃着晚饭，有的刚买晚饭回来，还有的正在用店里的厨具做饭，进进出出，竟让这个小小的旅店充满了“烟火”的气息。

晚餐过后钻进自己的舱位，把太空舱门关了，隔开外界的声音，一边吃着零食一边打开阅读灯，在这样的一个空间里温习功课竟是如此合适，就直接把书摊开在舱里的小桌上，开始学习……

这异乡的夜，我独自一人在这样的一处温暖安全的空间里，睡梦中眼前仿佛笼罩着太空般的悠悠蓝色，耳畔柔和的音乐缭绕，**正待梦深，耳畔忽然又回荡起读书时念出的隐约声音：“颇思蜀否？”**

于是立刻摇头道：“乐在途，不思蜀。”

Tips

乐途太空舱
地址： 潍城区东新街6号
电话： 18953682108

生活在别处，诗和田野都是你的

生活在别处。19 世纪诗人兰波将这句话写在了纸上，后来米兰·昆德兰将这句话当作了小说的名字，从此这 5 个字成为无数文艺青年追求的乌托邦。

最近歌手许巍的一首歌刷爆了朋友圈，他在歌中唱道：“生活不止眼前的苟且，还有诗和远方的田野，你赤手空拳来到人世间，为找到那片海不顾一切。”歌词简单而又深刻，不禁重新勾起了都市人对生活在别处的憧憬。其实有时候，远方的田野不必远足到达，它就在我们身边，就在离你生活圈半小时车程的地方。

Tips

山东星河·白浪河露营地

位于白浪绿洲湿地公园西入口北侧，占地面积约154亩，是山东省内首个国标营地。营地设有家庭亲子、田园风光、艺术等主题房车，为家庭式自驾游群体及团队游客提供独特的房车住宿体验和全新的游乐体验，营地还将提供特色美食、儿童游乐、活动拓展、篝火晚会、戏曲表演及各类亲子、交友活动和研学教育活动等多种多样的参与性活动，打造新的市民生活娱乐方式。

地址：潍城区水库路宝通街向南3千米左行500米

电话：0536-8215160

此刻是北方的八月，阳光倾洒在窗台，窗外有风。放眼望去满目葱郁，绿树成荫，花簇成团。悄然闯进这个地方，日和式风格的光之教堂，简欧式独幢木屋，各式的欧式房车一一映入眼前，恍惚间以为是电影里的场景，其实是个睡觉的露营地。

这里不同于普通意义上的酒店，没有高楼大厦，没有喧嚣繁华。在这里，有N多个告别往日生活的选择：欧式房车、丛林木屋、野外帐篷……绿荫葱葱，鸟鸣、花香、蓝天、白云，一切都是属于自己的。

夜幕降临，露营地内灯火闪亮，花草树木都披上了月光，安静得似乎能让人听见虫鸣。此刻，每个营

地前的烧烤台处开始热闹了。女人们在准备烧烤的食材，男人们一边聊着天一边将烧烤炉架好，而旁边是穿梭玩耍的孩子们。卸下了城市工作的压力烦恼，抛却了格子间里的棘手难题，周末的作业可以明天再写，要开的会议可以明天再准备……白日的文雅都可以暂时扔掉。炭火生起来，烧烤架上的肉在冒着油花“吱吱”作响，一把孜然撒上去，香气四溢，馋虫早就被勾起来了。

一口酒，一口肉，天上的星星一闪一闪，这一刻，仿佛能听见远处河水的流动声，蛐蛐也在吱吱叫着，孩子们的瞌睡上来了，开始依偎着父母打盹，大人们却正意兴阑珊，喝酒吃肉，兴致刚好。这一刻的田野时光，只有美食与欢乐。

房车，房与车的完美结合，湖水畔，山脚下，自有一种“采菊东篱下，悠然见南山”的舒适和惬意。东方欲晓，莫道君行早，踏遍青山人未老，风景这边独好。生活不仅在别处，生活就在我们身边。

如果累了，在潍坊白浪绿洲湿地公园旁边，有个白浪河露营地在等着，在这里，诗和田野都是你的。

拂去历史烟尘，细说潍县曲艺那些事儿

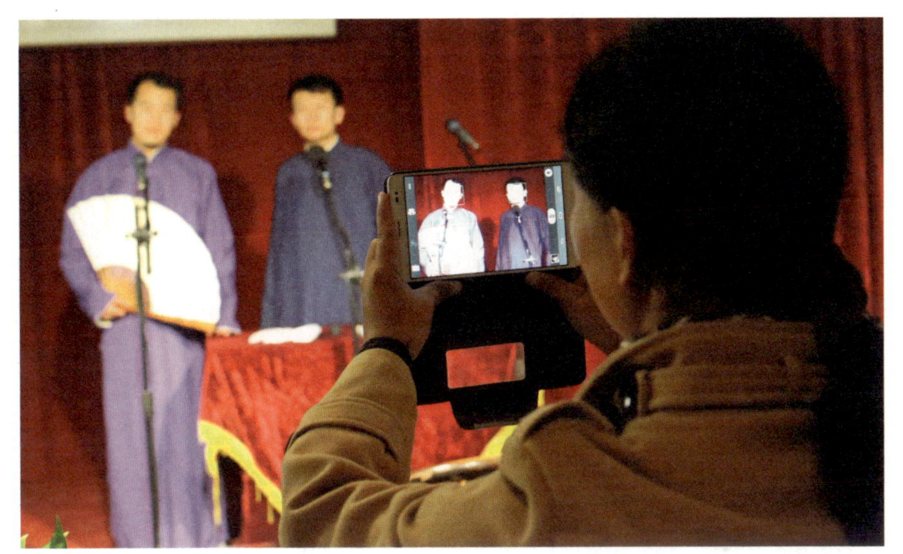

“潍县”一词，仿佛与那些珍贵的老照片一样，粗糙的黑白中蒙上了一层历史的烟霞。怀着追忆的心情，将自己置身那个时代，引步其中，用探索的目光搜寻历史的残片，看到的是一幕幕“南苏州，北潍县”的繁华，寻常巷陌中的三教九流五行八作，听到的是熙攘的人群里此起彼伏的叫卖吆喝。披上一件长衫，拂去上面烟尘的味道，被历史铭刻的那段往事便自顾自地流淌而出……

潍县，是一座充满人文情怀的城，也是一座充满市井气息的城。清末民初，白浪河两岸的沙滩上，说评书的，唱弹词的，拉洋片的，变魔术的……各路民间艺人撂地卖艺，上演着一出出喜怒哀乐、悲欢离合的人生大戏，成为潍县的一处不可抹去的市井人情风景。那曾是潍县曲艺的春天，一切都那么富有生机，极盛之时城内仅评书场子就多达 27 家。虽说曲艺行中流传的那句老话中没有这里，但在“北京学艺，天津练活，济南踢门槛”之外，潍县曲艺界亦是藏龙卧虎，在全国占有一席之地。

但清末民初的动荡与硝烟，艺人颠沛流离与朝不保夕的生活让潍县的曲艺发展举步维艰；又加之十年浩劫，观众与演员都出现不可逆转的历史断层，本身土壤便不丰厚的潍县曲艺在改革开放后面临近乎绝迹的窘境。

然而，希望总是会在热爱与坚持之后迸发出光芒。曲艺这门独特的艺术形式，并没有在今日的潍坊销声匿迹。热爱曲艺的人们总是很容易就聚到一起，他们自发尝试让评书、相声回归舞台。这微小的举动让潍坊曲艺展露复苏之相。2008 年，在刘天龙的带动下，曲艺爱好者们在山东茶人会馆成立鸣春社，轻轻地唤醒了潍坊曲艺的第二春。随之而来的潍坊曲艺爱好者仿佛找到了组织，队伍渐渐开始壮大。这里有两位是不得不提的，他们便是李林波与庞崇波。二人自幼拜在潍县西河鼓书老艺人庞洪山门下，学习评书相声。幼年学艺的经历与不断精进的技艺，使得二人有着深厚的传统曲艺功底，成为潍县曲艺宝贵的传承者。

一把折扇，一块方巾，演绎世间百态；一方醒木，一张利口，道尽人情冷暖；一张木桌，一把木椅，安享悠然之乐，一碗清茶，一盘瓜子，品尝人生百味……这是庞崇波的一个经久不息、日日在做的梦。曲艺的艰辛与不易只有在其中坚持的人才能体会。历经 10 年的发展，潍坊曲艺跌跌撞撞走到了今天，庞崇波心疼这十几位

仍然活跃在舞台上的曲艺人，梦想着让潍县曲艺继续走下去，由此 2014 年潍坊最大的曲艺社团“众乐社”在庞崇波的努力下开门纳客，让曲艺人们找到了自己的归属。评书、相声、快板、御板、双簧……这些在潍坊消失了几十年的传统曲艺，在这里涅槃重生了。古色古香的优雅意境中，让人一切仿佛又回到了那个时代，曲艺盛世的传统脉络在这里终于被续上。

如今，“众乐社”每周场场爆满，没人说得清曲艺到底吸引的是哪个年龄段的人们。当你以为台下全神贯注、不断叫好的是父辈、祖辈时，80 后、90 后的身影总是让你莫名地感动。是的，或许这就是传统的魅力、传承的可贵，历史的长河中，珍贵的存在一定会被悉数保留，哪怕只是一点点努力，都会让这个时代变得异常可爱，充满无尽的希望。

Tips

众乐社

众乐社发起于2008年，是由潍坊市本土演员自发成立的曲艺社团。以传统相声表演为主，结合评书、快板、山东快书、大鼓、魔术、双簧、相声剧等传统曲艺形式于一体。2014年众乐社会馆在经历了长达6年多的蛰伏后应运而生，活跃在潍坊文化界的评书演员李林波，王派快板名家何德利的弟子庞崇波、艾春雨等曲艺演员登台演出。在这里，你能听到地道的潍坊曲艺。

演出时间： 周三至周日晚七点半

票价： 30元

地址： 奎文区北宫街虞河路交叉口往北50米路西

电话： 18663606997

归
GREEN
隐
艺术酒店

回归自然，隐身于世

喧嚣闹市，于繁华声里沁浸久了总渴望一处静心之地。在鸢都潍坊，就藏着这样一个名为“归隐”的地方。在这里，“天人合一”不再只是一个哲学名词，而是一个鲜活的、呼吸着的旅舍；在这里，“回归自然，隐身于世”的归本主义理念得以尽情阐释。

推开“归隐”的大门，仰头而望：比例独特的 几何体玻璃天窗覆盖在大堂之上，使空间前后延伸、上下串通、左右交融，打破室内外的空间界限，让宾客得以在静谧的空间中零距离接触大自然。逢晴时，有柔软阳光透过玻璃窗倾洒下来，仿若悠扬的音符在空间中流淌，优雅而恬静；逢雨时，眼观天外一方景色淋上潇潇湿意，耳听窗外密云落下嘀嗒雨声，慵懒而闲适。

玻璃天窗之下，一条长廊，一道光影，胜得过一切浮夸的装饰。“归隐”的设计师郭准充分利用光元素、镂空水泥墙，使隐隐约约透露的光投射出斑驳错落的影，形成独一无二的轮廓，成就虚实渐变的空间。此外，他更以归本主义理念为出发点，将绿色融入建筑，于建筑间泽一宇楼阁，于斑斓间携一抹新绿，使得置身“归隐”，视线之内尽是一幅幅充满生机的画面，一股自然的清新气息扑面而来。

古语有曰：纵有珠宝一箱，不如乌木一方。木条是最有音律感、最温暖的材料。“归隐”正选用木质材料作为内饰，众多的细木条或组成隔断，或用作栏杆，或用以装饰，极具意境，不只带给人细致的视觉体验，更让人享受其中的安逸之感。

“归隐”是一家酒店，客房以简洁的白色与原木色为主调，各个客房的沙发、桌椅造型不同，视线刚扫过，心中早已一亮；“归隐”是一家艺术馆，色彩拼凑成不同的情调，光影、绿植、木条碰撞出诗意的布景，只是偶然路过，却总被惹得流

连忘返；“归隐”更是难得的静心之地，于熙攘闹市中画一笔幽静，于灯红酒绿里洒几点墨雨，脚下未步出高楼林立，心已悠悠然。

潍坊有酒店名为“归隐”，它避开了城市繁华的街道，以归隐者的姿态隐藏于城市的巷间，仿佛早已忘记了都市的喧嚣，只以独有的闲适姿态静置一隅。而“归隐”所蕴含的文化，去繁就简，返璞归真，有闲逸之情，更有静心之意，满是“大隐隐于市”的超然和淡雅。

Tips

潍坊归隐智能艺术酒店

地址：奎文区新华路与福寿街西北角

电话：0536-8912000

这家酒店千机变，你永远不会睡同样的地方

客房

有人恋旧，一生只爱一个人，一生只留恋一个地方，一生只迷信自己的习惯。有人喜欢尝鲜，生命短暂，竭尽全力去体验一切新鲜事。你若是第二种人，这家酒店很快就会成为你的心头好。

怡家客房，作为潍坊当地首家文化主题连锁酒店，以探索打造适合未来的居住模式为己任，推出独具一格的“千店千面”，通俗点说，就算你住怡家客房，每次也会仿佛住进了新的地方。

“千店千面”，各有千秋。

有时你恰好住进了五洲店，感受一下“新素舍”主义。不过分修饰空间，家具装饰采用多元、混搭的风格，随意、便捷，是“素”舍，更是“宿”舍，让人抛掉繁杂的事情，素颜、素斋、素生活，找寻自己的故事。

有时你住进了北方茶都店，才明白什么是“快乐生活家”。清爽、明亮、时尚的大房子，精雕细琢的工艺，洋溢着笑容的大花头图案，超规格的大桌子，色彩活跃的几何形家具，就像空间中灵动的火苗。在这聊天，喝茶，下棋……体验独特的愉悦。

有时住到中胜店，体验一下“本色客房”，实木床的独特超高设计，返璞归真的亲切和温暖，打破了传统酒店房间的单调和沉闷，颇有居家感觉。

Tips

怡家客房·曼哈顿店

地址：潍城区胜利西街697号
电话：0536-2989898

怡家客房·五洲店

地址：奎文区新华路4988号
（佳乐家对面）
电话：0536-6109111

怡家客房·中胜店

地址：潍城区胜利西街699号
电话：0536-8382007

怡家客房·北方茶都店

地址：潍城区青年路与铁路桥交叉口
（火车站以东200米）
电话：0536-3085222

全国免费服务电话
电话：400-001-0707

曼哈顿店主打“PARK”风，抛弃城市的嘈杂和浮躁，享受静谧美好，阳光斜洒在身上暖暖的，沏一壶清香的绿茶，仿佛在公园中游荡沐浴春光……

每一家店，又有不同的客房。女士房、氧吧房、休闲房、温馨房、景观房……应有尽有。在“减法”中尽情发挥极简艺术，在传统中融合时尚流行，让睡觉这件事因为有无限种选择，趣味倍增。

华灯初上，这个客房，温暖如春，等你回家。

私享·这样的潍坊奇好
JIǓ
玖

有人说，人生百分之七十的烦恼，是因为没有好好吃饭。胃服帖了，口味打开了，幸福的感觉就来了。

刀叉拿起，西餐在此

- **我家牛排**
  地址：高新区福寿东街谷德广场5楼
  电话：0536-8887259

- **老友比萨**
  地址：奎文区东风东街360号泰华假日广场2楼南端
  电话：4008515977 18853668197

- **鹿西餐厅**
  地址：奎文区福寿街鸢飞路万达金街内(3号门南侧)
  电话：0536-2102399

- **菲沃牛排**
  地址：奎文区东风东街凯德广场3楼
  电话：0536-8882377

- **豪尚客牛排专家(泰华店)**
  地址：奎文区东风东街泰华城新天地4楼
  电话：0536-8468555

- **奥里奥罗(泰华店)**
  地址：奎文区友谊街奎文门东200米路南
  电话：0536-8997060

- **爵士牛排**
  地址：奎文区富华路与福寿东街交叉口谷德广场5楼
  电话：0536-8095617 18660618053

- **烤夫王汉堡披萨(新华路店)**
  地址：奎文区新华路与东风街交叉口南200米路东
  电话：0536-2110232

- **烤夫王汉堡披萨(月河路店)**
  地址：潍城区福寿街月河路交叉口东南角佳乐家斜对面
  电话：0536-2110287

- **好缘来(胜利街店)**
  地址：潍城区胜利西街154号(向阳路口西南角)
  电话：0536-8308838

念念不忘，日韩料理

- **牛扣•铁板烧**
  地址：奎文区福寿东街与鸢飞路交叉口万达广场3楼北首
  电话：0536-8957111

- **N多寿司(泰华店)**
  地址：奎文区潍州路与奎文门街交叉口
  电话：13705323575 0536-8830987

- **12道寿司(万达店)**
  地址：奎文区福寿东街与鸢飞路交叉口万达广场
  电话：18553615916

- **晴耕雨读之拉面与咖喱**
  地址：奎文区东风街7830号金宝水晶名城一楼105号
  电话：4007175917

- **厚烧主题餐厅(泰华假日广场店)**
  地址：奎文区东风东街360号泰华假日广场4楼
  电话：0536-2800166

- **料理先生的十五分钟(万达店)**
  地址：奎文区福寿东街鸢飞路万达广场3楼
  电话：17076381600

- **玛喜达韩国年糕料理(泰华店)**
  地址：奎文区东风东街360号泰华假日广场4楼
  电话：0536-8360955

- **帕西春川铁板鸡**
  地址：奎文区东风东街360号泰华假日广场4楼
  电话：0536-8980680

- **韩国至尊James芝士肋排**
  地址：奎文区东风东街360号泰华假日广场4楼
  电话：14763899995

- **韩味星星炸鸡(泰华二店)**
  地址：奎文区中兴街福乐多超市东门安佰客对面
  电话：13583689509

- **喜来稀肉**
  地址：奎文区蓉花路与福寿街交叉口北300米路西
  电话：0536-8882830

惦念那一口麻辣

- 零上300度烤鱼
  地址：奎文区南下河街泰华新天地4楼
  电话：18563609719
- 茅庐印象（泰华店）
  地址：奎文区南下河街泰华新天地4楼
  电话：0536-8675757
- 茅庐印象（银座店）
  地址：奎文区胜利东街银座商城1楼(近北海路)
  电话：0536-8665757
- 茅庐印象（万达店）
  地址：奎文区鸢飞路与福寿街交叉口万达广场3楼
  电话：0536-8105757
- 半天妖青花椒烤鱼(四平路店)
  地址：奎文区四平路佳乐家斜对面(苇湾社区)
  电话：0536-8111557
- 小辣椒经典火锅
  地址：文化路与福寿街交叉口往南100米路西
  电话：0536-2223305
- 水煮巴蜀
  地址：潍城区青年路与民生街交叉路口东南角
  东华美达广场酒店
  电话：0536-8568190
- 川香鱼库
  地址：奎文区福寿东街4367号谷德广场地下一层
  电话：18953666876
- 渔歌时尚烤鱼
  地址：奎文区东风东街沃尔玛购物广场3楼东区
  电话：0536-8266685
- 蜀香三绝（振华店）
  地址：奎文区潍州路565号振华商厦1层
  电话：0536-2106588
- 蜀香三绝（泰华店）
  地址：奎文区东风东街360号泰华新天地4楼
  电话：0536-8065722
- 鱼乐制造
  地址：奎文区北海路胜利街西南角银座商场1楼
  电话：0536-8059265

吃到嘴里的特色，余味不尽的三绝

- **老城隍庙肉火烧**
  地址：潍城区东风西街向阳路口往北100米路西城隍庙街往西约50米路南
  电话：13964604122
- **老潍县肉火烧（金沙店）**
  地址：潍城区民生西街金沙广场美食街
  电话：15964580680
- **老潍县肉火烧（胜利西街店）**
  地址：潍城区胜利西街剪艺专业染烫造型旁
  电话：15064663991
- **老潍县肉火烧（西园街店）**
  地址：潍城区西园街
  电话：15698253588
- **韩邦朝天锅（文化路店）**
  地址：潍城区文化路南段路东301号
  电话：0536-82520366
- **韩重庆朝天锅**
  地址：奎文区西虞巷与虞新街交汇处
  电话：0536-8282098 0531-8703526
- **潍州和乐王（四平路店）**
  地址：奎文区四平路福与福寿东街交会处南50米路西
  电话：0536-8256599
- **潍州和乐王（民生西街店）**
  地址：奎文区民生街199号(民康医药旁)
  电话：0536-8319978
- **潍州和乐王（向阳路店）**
  地址：潍城区向阳路与人民街交叉口北40米路西
  电话：0536-2979577
- **潍州和乐王（西城店）**
  地址：潍城区胜利西街与安顺路交叉口西200米路北
  电话：0536-8236009
- **潍州和乐王（文化店）**
  地址：奎文区健康街与文化路交叉口北50米路西(近广文街)
  电话：0536-8510970
- **东方和乐（文化路店）**
  地址：奎文区文化路与民生东街岔口南200米路东（草苑牛王对面）
  电话：13791857256
- **东方和乐（潍坊旗舰店）**
  地址：奎文区潍州路与北宫街交叉口往南20米路东(北宫街南侧)
  电话：18364645956

住在鸢都

豪华酒店（住有精品）

富华大酒店
地址：高新区富华巷168号
电话：0536-8881988

金沙大酒店
地址：潍城区民生西街118号
电话：0536-8086666

潍坊新富佳悦大酒店
地址：潍城区玄武街999号
电话：0536-2088888

潍坊万达铂尔曼酒店
地址：奎文区福寿东街6636号1号楼
电话：0536-7099999

潍坊金茂国际大酒店
地址：高新区北宫东街1999号
电话：0536-2229999

潍坊鸢飞大酒店
地址：奎文区四平路31号
电话：0536-8068888-6159

潍坊国际金融大酒店
地址：奎文区四平路86号潍坊国际金融大厦
电话：0536-5166666

潍坊东方大酒店
地址：奎文区东风东街181号
电话：0536-8882222

潍坊滨海金辉大酒店
地址：寒亭区滨海经济技术开发区禄海路与海化街交会处
电话：0536-5301089

潍坊钧瀚国际大酒店
地址：坊子区北海路49号
电话：0536-7668888

经济房(舒适又实惠就选这里啦)

潍坊怡家客房（火车站店）
地址：潍城区东新街13号北方茶都1号楼
电话：0536-3085222

潍坊怡家客房（曼哈顿店）
地址：潍城区胜利西街569号
电话：0536-2989898

潍坊怡家客房（中胜店）
地址：潍城区胜利西街699号
电话：0536-8382007

潍坊怡家客房（五洲店）
地址：奎文区新华路4988号
电话：0536-6109111

银座佳驿（中百大厦店）
地址：潍城区胜利西街150号
电话：0536-2227566

银座佳驿（亚星桥店）
地址：潍城区东风西街188号潍坊图书大厦内
电话：0536-2223666-0

银座佳驿（火车站店）
地址：潍城区火车站北300米
电话：0536-2227599-0

银座佳驿（泰华风筝广场店）
地址：奎文区四平路33号
电话：0536-2107878

银座佳驿（北海路店）
地址：奎文区北海路636号
电话：0536-5075918

银座佳驿（新华路店）
地址：奎文区新华路4220号
电话：0536-5075666

如家快捷酒店（院校街店）
地址：奎文区潍州路市中医院对面院校街向东50米
电话：0536-8068333

如家快捷酒店（潍坊日报社店）
地址：奎文区东风东街与文化路交叉路口中国人寿北侧
电话：0536-2113000

如家快捷酒店（火车站店）
地址：潍城区潍坊火车站北
电话：0536-2992999

如家快捷酒店（风筝广场店）
地址：奎文区四平路98号
电话：0536-2981188

如家快捷酒店（中百店）
地址：潍城区和平路819号
电话：0536-8322111

果篮酒店东方威尼斯店
地址：潍城区青年路92号东方威尼斯大厦
电话：0536-8913555

潍坊乐富特快捷酒店
地址：奎文区潍州路与福寿街交叉口西北角
电话：0536-8087777

青年旅舍（青春一路，途有青旅）

6店客房
地址：奎文区东风东街与四平路交叉口东30米路南
电话：0536-6663366

清秀园青年旅舍
地址：奎文区三联家电南20米路口东行50米路南
电话：15624131887

土著engonus青年旅舍
地址：青州市东关社区政法街穆家巷
电话：13906360630

小息客栈（东方路店）
地址：奎文区福寿东街156号
电话：0536-2222981

青沐主题客房
地址：潍城区向阳路和胜利西街交叉口北50米路西
电话：0536-2223876

乐途太空舱
地址：潍城区火车站东260米东新街北方茶都1号楼006号
电话：0536-8939618

阳光四季客栈
地址：奎文区东风街东方路北500米路东
电话：0536-8799008

累了，来这里坐坐吧

你说已经忙了一天，累了，就来这里坐坐吧。想安静一点可以喝杯咖啡读本书，想放松一下早有各大影院在等你，想尽兴一点，歌若不够，还有酒呢。

KTV& 酒吧（歌若不尽兴，这里还有酒）

♡ 五星派对Party KTV
地址：奎文区胜利东街阳光100-8号楼3楼
电话：0536-8468777 /0536-8469777

♡ 糖果量贩式KTV
地址：奎文区四平路与福寿街交会处南行50米路西
电话：0536-8206555

♡ 幸福时光
地址：奎文区东风东街东盛广场东门(近虞河路)
电话：0536-2113888

♡ 欢乐时光量贩式KTV
地址：奎文区民生街白浪河西岸向南50米
电话：0536-8217888

♡ Deep Bar (迪朴清吧)
地址：奎文区世纪泰华白浪河东岸沿河街北首
电话：15153600306 13371055037

♡ 陋室咖啡酒吧
地址：奎文区奎文门东150米南大街与天润路岔口南18米(世纪泰华)
电话：18606361212

♡ 至胜酒吧
地址：潍城区V1购物广场沿河步行街V22商铺
电话：13964638088

♡ 苏荷
地址：奎文区胜利街文化路往南300米路东(近盛世豪庭)
电话：0536-8289898

♡ 瀚密尔酒吧
地址：奎文区世纪泰华对面农行李家街北200米路东
电话：0536-8829883

咖啡馆＆书店（喝杯咖啡读本书）

竟然咖啡馆
地址：奎文区阳光100城市广场5号楼108-110号
电话：0536-7078888

围炉夜话咖啡
地址：奎文区福寿街与鸢飞路交叉口西200米路北
(A.O.史密斯热水器后面)
电话：13371095669

壹六猫窝
地址：奎文区天润路13号
电话：0536-8737117

黑白公园
地址：奎文区世纪泰华沿河东岸商业街
电话：18663600396 18653689518

京广书城（世纪泰华店）
地址：奎文区东风东街360号世纪泰华3楼
电话：0536-8065636

京广书城（谷德店）
地址：奎文区福寿东街4369号谷德广场4楼京广书城
电话：0536-8095278

京广书城（银座店）
地址：奎文区胜利东街4000号潍坊银座购物中心2楼东南区京广书城
电话：0536-8059208

书是书非
地址：奎文区白浪河西畔(亚星桥西首南行200米)(近大润发)
电话：15169411669

电影院（一场电影，你在哪里看？）

万达国际影城（CBD广场店）
地址：奎文区鸢飞路958号万达广场4层
电话：0536-5077000

万达国际影城（银座广场店）
地址：奎文区胜利东街4000号银座购物中心4层
电话：0536-8050111 0536-8891662

新世纪电影城（阳光100店）
地址：奎文区胜利东街阳光100城市广场5号楼2层
电话：0536-8802221

新世纪电影城（学院店）
地址：奎文区潍坊学院体育馆7号门
电话：0536-8890900

世纪泰华环球影城
地址：奎文区东风东街360号泰华新天地4楼南厅(近亚星桥)
电话：0536-2986179

末了私人影院
地址：奎文区胜利街阳光100城市广场7号楼5楼
电话：13280168017

老橡树私人影院
地址：奎文区胜利街阳光100城市广场7号楼1603室
电话：0536-2295949

罗马假日影院
地址：奎文区东风东街360号泰华假日广场3楼
电话：0536-8228005 0536-8267877

精鹰部落主题影吧
地址：奎文区四平路佳乐家北后所街往西100米路北
电话：0536-8523855 13854422227

后记 POSTSCRIPT

遇见潍坊，奇好啊！

因为一本书，爱上一座城。

2015 年，我们创作的山东第一本城市特色文化口袋书——《济南，杠赛来》，自面世以来便获得了社会各界的广泛赞誉，由此开启了我们与山东 17 地市的独特缘分。2016 年，我们携手中共潍坊市委外宣办，为潍坊量身打造山东第二本城市文化口袋书——《潍坊，奇好啊》。

2016 年 5 月，我们整个主创团队驻扎潍坊，开启了为期 1 个月的紧张又有趣的城市采访工作。每日披星戴月，带着大量的采访、拍摄、座谈任务，我们结识了众多生活在潍坊、学习在潍坊、工作在潍坊的人们，主创团队穿梭于潍坊的大街小巷，用脚步丈量城市，一点点了解这座城。

她从新石器时代走来，留下写不尽的历史繁华；她荟萃了最传统的民俗文化，数百年的古老手艺在此传承；她拥有着丰富秀美的自然风光，也有着最热情淳朴的人情韵味；她有着典雅传统的古意，也散发着最时尚摩登的活力……关于这些，我们了解越多，欣喜越多，热爱越多，于是一一记录下来，用真实感人的文字和图片，再现一个魅力潍坊。

值此成书之即，回顾往日创作历程，辛苦有之，更多的是期待和感谢。感谢山东省人民政府新闻办公室、中共潍坊市委宣传部、中共潍坊市委对外宣传办公室（潍坊市人民政府新闻办公室）、中共诸城市委宣传部、中共青州市委宣传部、中共寿光市委宣传部、中共高密市委宣传部、中共安丘市委宣传部、中共昌邑市委宣传部、中共临朐县委宣传部、中共昌乐县委宣传部、潍坊滨海经济技术开发区等党政部门及领导给予我们的充分肯定与大力支持;感谢刘占虎先生、王丽平女士、齐鲁滨先生、王明江先生、毛金鹏先生、刘姝宁女士、唐国志先生、张景国先生、张洪磊先生、牟昌非先生、魏辉女士、郭君同先生、牛鹏志先生、郭远航先生、王磊先生、丁一先生、吉媛媛女士、庞崇波先生、陈文女士、郑植女士、陆菁菁女士、台可女士、程菲女士、程静女士等文化界、学术界、媒体界人士，为我们提供宝贵的意见及优秀稿件；感谢徐灯先生、董旭先生等作为书中独具特色的店铺入书代表，正是这些时尚、前沿的聚集地才让潍坊更加现代、可爱，并为我们提供了新的灵感素材……

行走成书，与城市握手。我们带着最美好的初心，感念潍坊回馈于我们的热情，将最好的解读呈现在这本书中。我们坚信，这城市的美好，将会被越来越多的人喜欢和知道。

图书在版编目（CIP）数据

潍坊，奇好啊 / 《潍坊，奇好啊》编委会编著. -- 济南：山东友谊出版社, 2016.11
ISBN 978-7-5516-1120-6

Ⅰ. ①潍… Ⅱ. ①潍… Ⅲ. ①文化史—潍坊 Ⅳ. ①K295.23

中国版本图书馆CIP数据核字(2016)第282471号

主管单位：山东出版传媒股份有限公司
出版发行：山东友谊出版社
地　　址：济南市英雄山路189号　邮编：250002
电　　话：出版管理部（0531）82098756
市场营销部（0531）82098035（传真）
印　　刷：深圳市国际彩印有限公司
版　　次：2016年12月第1版
印　　次：2016年12月第1次印刷
规　　格：140mm×170mm
印　　张：10.25
字　　数：300千字
定　　价：58.00元